DEFENSE TECHNIQUES AND
CASE ANALYSIS OF DRUG CASES

毒品案件辩护技巧与案例解析

洪树涌 ◎ 主编

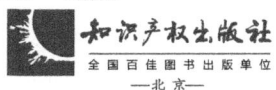

全国百佳图书出版单位
——北京——

图书在版编目（CIP）数据

毒品案件辩护技巧与案例解析 / 洪树涌主编 . —北京：知识产权出版社，2023.8
ISBN 978－7－5130－8812－1

Ⅰ.①毒… Ⅱ.①洪… Ⅲ.①毒品—刑事诉讼—辩护—案例—中国 Ⅳ.①D925.210.5

中国国家版本馆 CIP 数据核字（2023）第 119590 号

责任编辑：刘　雪　　　　　　　　责任校对：潘凤越
执行编辑：杨　帆　　　　　　　　责任印制：刘译文
封面设计：瀚品设计

毒品案件辩护技巧与案例解析
洪树涌　主编

出版发行：知识产权出版社有限责任公司	网　　址：http://www.ipph.cn
社　　址：北京市海淀区气象路 50 号院	邮　　编：100081
责编电话：010－82000860 转 8112	责编邮箱：qiziyi2004@qq.com
发行电话：010－82000860 转 8101/8102	发行传真：010－82000893/82005070/82000270
印　　刷：北京中献拓方科技发展有限公司	经　　销：新华书店、各大网上书店及相关专业书店
开　　本：710mm×1000mm　1/16	印　　张：15
版　　次：2023 年 8 月第 1 版	印　　次：2023 年 8 月第 1 次印刷
字　　数：249 千字	定　　价：78.00 元
ISBN 978－7－5130－8812－1	

出版权专有　侵权必究
如有印装质量问题，本社负责调换。

编写委员会

主　　编：洪树涌

副 主 编：王红兵　黄坚明　关　欣

编委成员：尹国华　林徐谡　钟其胜

主编简介

洪树涌律师

广东广信君达律师事务所高级合伙人、管委会成员、刑事专业部部长
广东泓法刑辩律师团队负责人
广东中立法律服务社疑难案件中心主任
广东省第一批刑事辩护律师库律师
第十一届、第十二届广东省律师协会经济犯罪辩护专业委员会委员、副秘书长
第九届、第十届广州市律师协会经济犯罪刑事专业委员会委员
第十届广州市律师协会维护律师执业合法权益工作委员会委员
第十届广州市律师代表大会代表
广州市司法局百名公益专家律师团队成员
2016年获得广州市律师协会理论成果奖
2017年获得广州市律师协会理论成果奖、维护社会稳定奖、优秀专业委员奖
2018年获得广东省律师协会优秀专业委员奖
2018年获得全市刑事案件律师辩护全覆盖工作优秀律师奖
2018年获得广州市律师协会理论成果奖
2020年获得广州市律师协会业务成果奖
2021年获得广州市律师协会业务成果奖、理论成果奖、优秀公益律师奖、优秀机构成员奖
邮箱：410287216@qq.com

副主编简介

王红兵律师

北京市盈科（广州）律师事务所律师、专利代理师

中国民盟盟员

中国药物滥用防治协会会员

羊城毒辩创始人之一

自2002年起在广州连续执业20余年，专注毒品犯罪案件辩护、吸毒处罚及强制隔离戒毒处罚的行政复议及诉讼等

邮箱：1258640820@qq.com

副主编简介

黄坚明律师

广东广强律师事务所主任、高级合伙人、广强毒品犯罪案件辩护与研究中心主任。

从事刑事犯罪研习和实践12年有余,承办刑事案件150多起。所办案件不乏取得无罪释放、取保释放、不起诉、免于处罚、缓刑、轻判等辩护效果。

出版刑事法领域的著述计20余万字,在法制网、北大法律信息网、中国律师网、广东律师杂志等权威法律媒体发表了《从百起不诉案例剖析贩卖毒品案件无罪"辩点"何在》《从物证视角谈贩卖毒品罪案件无罪辩护技巧》《从孤证视角谈贩卖毒品罪案件无罪辩护技巧》《论数学思维在百公斤冰毒命案等"数额犯"个案中的适用、成效及反思》《论"模拟侦查实验"在96公斤冰毒个案中的适用、成效及立法建议》《毒品犯罪无罪辩护中的"主观明知"证据认定标准及如何有效辩护》等刑事诉讼相关论文40余篇。

邮箱:15820265983@163.com

副主编简介

关欣律师

广东金桥百信律师事务所合伙人
原四级高级法官
广州商学院特聘教授
荣获"第四届广东省法律援助先进个人"称号
邮箱：942611803@qq.com

序 一

从"羊城毒辩"谈律师品牌由个体到团队

2020年11月21日,"2020毒辩论坛之精细化辩护"线下主题分享活动在广东广信君达律师事务所(以下简称广信君达)隆重举行。在活动上,我应邀分享了《从"羊城毒辩"谈律师品牌由个体到团队》。

本次活动嘉宾大多是专注于毒辩技术的律师,唯有我是一个"万金油"律师。虽然从2020年1月18日开始我与"羊城毒辩"接触差不多已有一年时间,珠海香洲区禁毒协会也给我发了一个禁毒讲师的聘书,拿到这个聘书之后,我写了一篇推文——《我也是毒辩律师》。其实很惭愧,在我15年的执业生涯中只办理过3起毒品案件,且都是法律援助案件。

律师的技术、技巧怎么发挥?律师的专业性服务和经验、技巧如何体现?首先是要有案源和当事人。怎么获取案源呢?这是个哲学问题,而非技术问题。

律师一定要有专业性,因为律师是靠技术吃饭的。但律师要成功,还需要建立自己的品牌。

例如,本次活动是"羊城毒辩"的第18期。"羊城毒辩"既是平台上的绿叶,也是平台上的红花。如果我们把"羊城毒辩""毒辩F6""大湾区毒辩大律师团"以及其他在全国各地做毒辩的平台、团队看作一张网的话,那么这张网就是中国毒辩的平台。

当事人被抓获后,通常都是从互联网上寻找律师,又或是熟人介绍。有名的律师都在网上有信息,很容易找到。假设有一个当事人要找毒辩律师,他们看到这次活动的推文——2020年毒辩论坛之精细化辩护，有哪些律师在这里发表了哪些观点，案源不就来了吗？这就是品牌、团队的影响力。

有人可能会觉得，这次活动有那么多人参加，但是案件是有限的。这种思维是需要改变的，因为毒辩律师也需要商业思维。

商业思维就是同行间越竞争，行业越发达。任何行业，同行之间的竞争一定是客观存在的，但是同行之间的竞争也一定会引发行业的进步。

"羊城毒辩"或者"毒辩F6"成员之间的工作肯定也是不平衡的，但是不能因为不平衡，就觉得有我没你、有你没我，这就不是团队思维，纯粹是个人思维了。如果有的律师已经建立起个人品牌，就不一定需要平台了。当然，律师身份本身就是品牌。

现在当事人找律师无非有两个渠道，线上和线下。今天这么大的一场活动，我们之前做了长时间的预热，在网上都有留痕。我从活动预热第一天开始就在朋友圈反复发这个活动的信息，不仅在朋友圈，我还在微博、今日头条不断发，就是为了留痕。只有在线上留痕，别人才能够及时知道你、找到你、了解你。

我知道有些律师是没有个人微信公众号的，有些律师哪怕有公众号也是不怎么更新的，甚者有些律所也是这种情况。在线上留痕是一门学问，十分重要。

那么，线下怎么留痕呢？抓住一切机会，做地推、派发名片。

我有一位师兄，告诉我律师要去派名片、去走访、去拜访，让认识你的人知道你的律师身份，让不认识你的人知道你这个律师的存在。知名度打开了，案源自然就有了。

其实2013年我来广州的时候，首先就对洪树涌律师有了印象，因为我在网上找到了洪树涌律师的相关介绍。

2013年律师行业还没有那么商业化，律师大多数也还没有商业思维，但是洪树涌律师已经有了品牌思维，所以他今天才会那么成功，通过"羊城毒辩""大湾区毒辩大律师团"的交流，成为了全国闻名的一位律师。

广信君达目前还只是区域性的律师事务所，虽然律师人数在广州算多的，它的发展战略也是雄心勃勃的；但是在全国的毒辩或者刑辩的大平台上，洪树涌律师是"红花"，广信君达是"绿叶"。人们首先看到洪树涌律师，再看到广信君达，然后发现洪树涌律师很厉害，广信君达的律师人数在广州也是排名前三的。当看到"红花""绿叶"都可以时，自然会把案件放心交给洪树涌律师和广信君达代理。

线上线下留痕，让人熟悉并了解你，可以通过一定方式找到你，是获取案源的第一步，让人对你产生信任感是案源的第二步。

虽然我说自己也是毒辩律师，但在各位毒辩律师面前我只是抬轿的，那么我做这些能带来什么呢？能带来案源。

虽然大家在网上能找到洪树涌律师、关欣律师，但还是会有一个比较的过程，找谁去比较呢？不是每个人都会把律师的成功案例像类案搜索一样在中国裁判文书网上搜索并做大数据对比，最简洁的方法就是询问其他人。所以我在做"绿叶"的过程中也有收获。收获案源、成就感、满足感、充实感。

个人品牌需要经营，从留痕开始经营。

另一个很重要的痕迹就是论文的发表、著作的出版。

我是广东省法学会房地产法学研究会的理事，研究会开年会的时候征集论文，我就写了一篇关于城市更新的法律难点论文，被评为了优秀论文。我之前是国信信扬律师事务所城市更新委员会秘书长，这当然是留痕的元素，品牌的一个组成部分，但是肯定没有广东省法学会房地产法学研究会的背书和优秀论文加分。所以我把这件事在所有能够传播的途径都做好宣传工作，这就是品牌塑造。

个人品牌也好、团队品牌也好、律所品牌也好，最终要形成一个壁垒。

这个壁垒也要不断提升、加固，就好像长城一样，因为大家都在成长。如果是个人品牌，留痕最少要有论文。不一定要有著作出版，但是一定要有论文发表。没有论文的话，可以做一个公众号，写推文，把自己的案例或者自己对律师行业的思考写出来，让读者看到。总之就是要留痕。

那么团队品牌怎么做？从组建团队开始。

现在很多机构都在做团队。大家都知道要有团队，要组建团队、经营团队，但是说起来容易，做起来难。在珠海组建团队和在广州组建团队是不一样的，在广信君达组建团队和在别的律所组建团队又不一样。团队组建很容易，但是这个团队能不能跟你一同走下去，一年、三年、五年甚至十年，这才是最难的。

团队怎么经营？从"羊城毒辩"来看，洪树涌律师就做到了从经营个人到经营团队。这次活动台前幕后的工作人员、主持人刘玉霞律师等，这些都是洪树涌律师的团队，有团队才能够开展这么大的一场活动，这就是团队的经营。

最后是平台。我们每个人、每个团队一定是在某平台上的个人和团队。但是，传统的律所中律师虽然在同一个平台上，但都缺少凝聚力。每个人和每个团队怎么成为平台上的"绿叶"和"红花"，这是一门学问，最大的学问就是"红花"和"绿叶"的角色怎么转换，怎么互为"红花"、互为"绿叶"。

就像"羊城毒辩""毒辩F6""大湾区毒辩大律师团"，就是"红花"和"绿叶"的组合。"羊城毒辩"是一个具有包容性的团队，是在全国毒辩群体里的"绿叶"，也是"红花"。我们与那些自我保护、自我隔离的毒辩团队相比是有一定竞争力的。

林叔权

序 二

可期的羊城毒辩精细化辩护

毒品犯罪是毒瘤、顽疾，因危及国民健康与生命，最高人民法院先后在南宁、大连、武汉等地专门召开全国毒品审判会议，并就毒品犯罪审判形成三大会议纪要。毒品犯罪的危害之大，毒品犯罪审判涉及问题之广，毒品辩护道行之深，使许多刑事辩护律师望而却步，我就是其中之一。

2020年春节前，全国各地的律所主任与律师协会会长，一起到大湾区拜访优秀的一体化律所，得以结识羊城毒辩的各位同仁。

由于忝列大湾区青年律师成长沙龙总顾问，由林叔权大律师牵线，我多次被邀请至羊城毒辩演讲。洪树涌、王红兵、黄坚明、关欣、尹国华、钟其胜、林徐谡（排名不分先后）这些大律师，也纷纷登台展示其经典案例与成功经验。

对毒品的封存、称量，对毒品犯罪的取样、鉴定，都有很多专业辩护方法和技巧。一个个从程序剥茧抽丝最后被从轻判处的案例故事；一件件从主客观证据刨根问底最后成功保命的优秀辩护案件，羊城毒辩专业团队的精细化辩护，让我肃然起敬。

羊城毒辩的诸位律师都是专业精英，也不乏毒品辩护的独门绝技。他们肯将自己的毒品辩护经验与技巧集结成册公布于世，为同行提供帮助，是我辈之幸。

我虽做刑事辩护30多年，但羊城毒辩专业律师团队的精细化辩护仍使我受益匪浅，不敢作序，谈谈感想而已。

段建国

自　序

2019年3月4日晚上，来自广州不同律师事务所的七名长期专注毒品犯罪案件辩护（以下简称毒辩）的专业律师欢聚一堂。洪树涌律师、王红兵律师、关欣律师、林徐谡律师、黄坚明律师、尹国华律师、钟其胜律师（排名不分先后），就共同关心的毒辩技能提升、专业律师跨所合作、举办毒品案件研讨会、长期开展禁毒公益活动等事宜进行深入探讨。与会律师踊跃发言，献计献策，并达成诸多共识。与会律师都希望广州毒辩律师之间应加强合作，共享毒辩技能，共同为客户提供更专业的毒品犯罪案件辩护服务，因此，大家共同决定成立羊城毒品犯罪案件辩护律师团队（以下简称羊城毒辩团队）。

羊城毒辩团队自成立以来，每月都会固定开展系列讲座，分享团队律师在毒品犯罪案件中的成功辩护经验和技巧，目前共举办毒品犯罪案件辩护公益讲座共37期。

毒品猛于虎！一旦染上，如沾邪魔！2019年6月26日，第32个国际禁毒日，羊城毒辩团队切实履行公益责任和社会责任，团队律师走进了广州市女子强制隔离戒毒所，通过自己经办的真实案例，向戒毒人员阐明毒品危害，鼓励戒毒人员珍爱生命、珍惜家庭、远离毒品。团队律师还多次到广东省第一强制隔离戒毒所开展普法讲座。2020年6月19日，在第33个国际禁毒日即将来临之际，羊城毒辩团队律师应邀到珠海市香洲区禁毒协会主讲《毒品案件取证合法性探讨》，该协会还聘请团队律师为禁毒法律宣传讲师。

▶▶ **毒品案件辩护技巧与案例解析**

　　羊城毒辩团队除了举办各种形式的公益讲座之外，还积极对经办的案件进行总结，经过大家的努力和精心挑选，《毒品案件辩护技巧与案例解析》一书终于跟大家见面了，由于时间仓促，本书还存在一些纰漏，敬请批评指正。

洪树涌

目 录 Contents

第一部分 实务研讨　　　　　　　　　　　　　　　　　　1

从生物物证视角谈涉毒案被追诉人是否适格 …………… 3
吸毒人员在运输毒品过程中被查获，毒品数量如何认定 … 6
符合法律规定的电子天平称量毒品 ………………………… 8
容留他人吸毒罪之容留场所的认定 ………………………… 12
称量过程中常见问题 ………………………………………… 15
最小秤量理论 ………………………………………………… 18
重大毒品案件：最小称量理论、鉴定超范围 …………… 20
取样不规范对鉴定文书可采性的影响 …………………… 23
论涉案毒品纯度鉴定的必要性 …………………………… 27
毒品案件鉴定：鉴定标准应当公开、统一 ……………… 30
敢于质疑鉴定文书 ………………………………………… 33
在特定情况下，毒品数量可按照毒品含量予以折算 …… 38
从视频证据中发现辩护观点 ……………………………… 40
如何从通话记录视角进行有效辩护 ……………………… 42
当场查获毒品，如何判断"主观明知" …………………… 46
毒品居间介绍行为的认定 ………………………………… 54
居间介绍买卖毒品与毒品代购的区分 …………………… 57
毒品代购行为的罪名分析 ………………………………… 60
代购毒品是否构成犯罪 …………………………………… 64

· 1 ·

- 代购者"蹭吸"应如何定罪处罚 …… 68
- 毒品案件改变定性的辩护技巧 …… 70
- 运输毒品罪与非法持有毒品罪的区分 …… 75
- 浅析走私毒品案件的有效辩点 …… 78
- 走私毒品罪：既遂和未遂的边界 …… 83
- 受雇佣运输毒品是否可以不判处死刑 …… 87
- 运输毒品罪与非法持有毒品罪的区别与联系 …… 90
- 运输毒品罪的既未遂问题与运输距离问题 …… 94
- 有效辩护难度大，如何做好毒品案件辩护 …… 97
- 毒品死刑案件：区别对待原则的适用 …… 101
- 重大毒品案件：既要数量辩护，也要情节辩护 …… 103
- 制毒物品犯罪和毒品犯罪的区别 …… 106
- 制毒刑事案件的有效辩护 …… 109
- 毒案死刑复核五大"免死密码" …… 114
- 从证据链视角谈有效辩护 …… 119

第二部分　案例解析　　121

- 重大毒品案件的精细化辩护 …… 123
- 贩卖假毒品该当何罪 …… 132
- 如何从立案决定书视角挖掘有效辩点 …… 134
- 从录音录像视角谈无罪辩护技巧 …… 140
- 从毒品实际用途视角剖析辩护技巧 …… 148
- "人赃并获"型涉毒案有效辩点 …… 151
- 从物证视角谈贩卖毒品案件无罪辩护技巧 …… 157
- 从物证视角论证被追诉人认罪口供不具有真实性 …… 163
- 对指控贩卖海洛因案件刑期的探析 …… 171
- 找到"案眼"，精准辩护 …… 174

运输毒品罪的认定：毒品数量、运输目的、毒品用途等 …… 178
混合称量、超范围鉴定、使用错误标准鉴定的有效辩护 …… 182
毒品死刑案件：混合后称量，没有含量鉴定 …………… 185
毒品案件中关于立功认定的辩护 ………………………… 187
是非法生产、买卖制毒物品罪，还是制造毒品罪 ………… 190
数量加情节的有效辩护 …………………………………… 192
电子天平使用不当，法定刑以下量刑 …………………… 195
毒品称量中的"假秤"及其辩护 ………………………… 198
运输毒品罪的认定是否应当考虑运输目的 ……………… 202
何为刑法意义上的毒品 …………………………………… 205
浅议邮寄型走私毒品犯罪的既遂标准 …………………… 209
运输毒品案件的管辖权问题探讨 ………………………… 212
非法持有毒品案辩护：断关联，降数量，获轻判 ……… 215

第一部分
实务研讨

从生物物证视角谈涉毒案
被追诉人是否适格

毒品犯罪案发后，如何确定被追诉人是否适格以及如何抓捕涉案"真凶"是长期困扰办案人员的问题。判断被追诉人是否适格能否单凭指纹、DNA 等微量物证来认定？答案当然是否定的。必须综合全案的所有证据，而不能过度扩大某个证据的证据力。

一般而言，现场目击证人的证词，或者是在案发现场被抓归案的同案犯供述，是认定何人系作案者的关键证据或直接证据。在涉案毒品实物系被行为人直接控制的前提下，办案人员亦可采取推定的方式确认涉案被追诉人。在涉案毒品实物权属不明，被追诉人是否碰触过涉案毒品实物存疑的前提下，办案人员还可通过提取毒品疑似物内外包装上的指纹、DNA 等生物物证或痕迹证据方式确定具体个案的被追诉人。对此，被追诉人适格与否，能否单靠指纹、DNA 等来认定，这是值得关注的问题。不管在案证据属何种证据，过分放大某个证据的证据力的做法无疑是不可靠的。

一、被追诉人在被抓现场自认其罪

简言之，在被追诉人涉毒确凿无疑的前提下，自认其罪无疑是妥当的。有时，被追诉人认罪态度好，恳切求情或许还有出路。在被追诉人根本就不适格，系被错误羁押的前提下，辩方应设法通过系统论证以证实该案冤情何在。

二、现场目击证人的证词事关被追诉人是否适格

案发现场是否有目击证人，在案证人是否系唯一目击证人，还是一案有

多名目击证人一致指证涉案被追诉人涉毒，这直接关系到能否认定被追诉人系适格被追诉人。在实证案例中，关键证人不到案，或关键证人系唯一目击证人，或关键证人的证言无法直接证明被追诉人实施毒品犯罪行为，或者是在案证据链仅有在案证人的证言，致使在案证据链不完整、不具有排他性，最后皆无法论证出被追诉人涉案行为构成犯罪的唯一性结论。

因此，在案证言不足，或在案证言语言的证明力不足，进而导致证据无法证明被追诉人适格。这也是司法实务中常见的无罪辩护理由。

三、已归案被追诉人是否指证事关被追诉人是否适格

在司法实践中，口供、证言等言词证据的作用异常重要，被追诉人有罪与否，有时就取决于在案言词证据的证明力大小，取决于被追诉人本人是否认罪或认过罪，或者是案件中是否有同案犯指证涉案被追诉人涉毒。对此，我们将结合亲办案例进行说明。

第一，被追诉人本人不认罪，同案犯不指证，可直接关系到被追诉人涉案行为之罪与非罪。在我们亲办的李某涉嫌贩卖冰毒一案中，涉案的李某拒不认罪，其同伴陈某认罪了；同案人陈某不仅自己认罪，还证实其同伴李某是不知情的，这也是李某最终被释放的根本原因之一。

第二，被追诉人本人不认罪，但其被同案人或同案犯指证了，且有证据证明其两人之间存在金钱往来，进而导致被追诉人被起诉至法院。在我们经办的多起涉毒案件中，就遇到被追诉人不认罪，但因其与涉毒者之间存在转账记录，曾在涉案酒店、涉案出租屋等场所见面的客观事实导致其被卷入涉毒案件当中。

第三，被追诉人先是认罪，之后在审查起诉阶段或审判阶段又翻供；同案人或同案犯先是指证被追诉人涉毒，之后在审查起诉阶段、审判阶段或二审阶段又翻供，致使被追诉人被卷入涉毒案件当中。上述案件最显著的特征是关键同案犯或同案人的供述或证言不具有稳定性，进而导致其指认他人涉毒的供述或证言不具有稳定性，或证据力不足。

对此，我们应坚持一贯的做法，刑辩律师应敢于质疑，敢于怀疑言词证

据背后的玄机，我们在多起涉毒案件中都遇到过同案人或同案犯翻供、翻证（或当庭翻供、翻证）的情形，致使相关案件最终的走向充满不确定性。

四、关键物证权属存疑导致被追诉人适格与否存疑

在被追诉人不认罪，且缺乏同案犯及现场目击证人指证的前提下，涉案毒品实物或者涉案现金物证权属是否清晰明了，事关被追诉人是否适格。

第一，案件是否有相反证据可证实，涉案毒品属他人所有，与被追诉人无关。例如，在我们经办的某涉毒案件中发现，在案毒品实物上提取到第三者的DNA基因成分，导致此案无法排除涉案毒品属他人所有的合理怀疑，最后一审法院认定该起指控不成立。

第二，涉案毒品内外包装物上均没有提取到被追诉人的指纹、DNA基因成分等生物物证，直接导致涉案毒品权属存疑。如吴某某涉嫌走私数芬太尼毒品一案中，被追诉人吴某为何获得释放，原因之一就是其从未碰触涉案毒品实物的内外包装物。

第三，涉案毒品疑似物上提取到被追诉人指纹、DNA基因成分等生物物证，但在案证据无法形成完整证据锁链，无法排除其他合理怀疑。

第四，尽管被追诉人曾出现在案发现场，且其曾碰触过涉案毒品疑似物的外包装物，但涉案毒品实物属他人所有且一直处于他人的实际控制之下，导致此案无法排除被追诉人系被利用而牵涉此案的合理怀疑。

第五，因涉案侦查人员取证不作为，或取证时机不对，致使此案办案程序违法，涉案毒品疑似物上的痕迹证据已被销毁，案件最终无法提取到毒品疑似物上可能存留的指纹、DNA等生物物证。最终案件存疑，核心理由之一是此案无法排除遗漏同案犯的合理怀疑。

综上所述，被追诉人是否为适格被追诉人，我们应综合考虑在案证据的证据力，经过反复推敲方可作出自己的独立判断。

作者：黄坚明

吸毒人员在运输毒品过程中被查获，毒品数量如何认定

2015年《全国法院毒品犯罪审判工作座谈会纪要》规定，吸毒人员在运输毒品过程中被查获，没有证据证明其是为了实施贩卖毒品等其他犯罪，毒品数量达到较大以上的，以运输毒品罪定罪处罚。该条款如何在实际中适用，以下举例说明。

广东省韶关市的吸毒人员张某某通过微信和广东省广州市的贩毒人员李某某商定好，张某某购买冰毒××克，毒资人民币××元。随后，张某某微信转账××元给李某某。张某某在广州拿到毒品后返回韶关，在广东省清远市某高速路服务区被抓，办案人员从张某某驾驶的车内搜出一包白色晶体，净重为××克（少于双方约定数量），经检测，检出甲基苯丙胺成分。如果按照办案人员实际查获的毒品数量计算，张某某不构成犯罪，因为达不到毒品数量较大的入罪标准；如果按照二人商定购买的毒品数量计算，因为刚好达到毒品数量较大的入罪标准，则张某某构成运输毒品罪，量刑应当在7年以上。

《全国法院毒品犯罪审判工作座谈会纪要》规定中的毒品数量应当是办案人员实际查获的毒品数量，而不是吸毒人员和贩毒人员商定好的毒品数量，理由如下：

第一，上述规定已经清楚、没有歧义的就是指实际查获的毒品数量。运输过程中查获的毒品数量就是实际查获的毒品数量，而不是双方商定购买的毒品数量。

第二，张某某向李某某购买××克冰毒，并支付购买冰毒的钱人民币

××元；结果李某某不讲诚信，缺斤少两，少给张某某××克毒品。假设这种情况在民法上是一种合法买卖合同行为，则李某某要么应补齐冰毒数量，承担违约责任；要么应退还××克冰毒的钱，承担违约责任。不能认定张某某就是拿到了足够数量的冰毒。民法上尚不足以认定张某某拿到了足够数量的冰毒，刑法上更加不能认定。

另一个案例是同行发来让笔者给出意见的，具体如下：

甲市的吸毒人员张某某通过微信和乙市的贩毒人员李某某商定好张某某购买冰毒××克，毒资人民币××元。随后，张某某微信转账××元给李某某。张某某在乙市拿到毒品后返回甲市，在高速路丙市某服务区被抓，办案人员从张某某驾驶的车内搜出几包白色晶体，净重共计为××克，经检测，均检出甲基苯丙胺成分。一审法院以运输毒品罪判处被告人张某某七年有期徒刑。该案中，认定张某某的运输毒品行为是没有争议的，因为是其跨市在运输途中被查获的。但可以考虑通过辩护把案涉毒品数量降到××克以下。

该案中，是二审法院根据口供认定发生交易的毒品数量是××克，物证证据也印证了口供。但笔者不认同二审法院的观点，因为《全国法院毒品犯罪审判工作座谈会纪要》规定很明确，运输过程中查获的毒品数量才可以认定为运输毒品罪中的运输毒品数量，而不是双方口供涉及的毒品数量。笔者认为，应当是口供印证毒品物证数量，而不是毒品物证数量印证口供。该案毒品物证数量不清，来源不清，至少二审法院应查明事实。

综上所述，吸毒人员在运输毒品过程中被查获的毒品数量应当被认定为运输毒品罪中的毒品数量，而不是口供中涉及的双方交易的毒品数量。以口供涉及的毒品数量印证查获的物证毒品数量，而不是相反。

作者：王红兵

符合法律规定的电子天平称量毒品

为了称量精确,我国司法解释规定了不同重量的毒品应当使用相应分度值的电子天平称量,避免出现大秤称小物品导致误差过大的情形。《电子天平计量检定规程》规定了电子天平的最大秤量和最小秤量,称量时应当注意避免出现称量结果超出称量范围的情形。

《办理毒品犯罪案件毒品提取、扣押、称量、取样和送检程序若干问题的规定》(以下简称《称量规定》)第十四条规定,称量应当使用恰当精度和称量范围的衡器。称量的毒品质量不足一百克的,衡器的分度值应当达到零点零一克;一百克以上且不足一千克的,分度值应当达到零点一克;一千克以上且不足十千克的,分度值应当达到一克;十千克以上且不足一百千克的,分度值应当达到十克;一百千克以上且不足一吨的,分度值应当达到一百克;一吨以上的,分度值应当达到一千克。该称量规定符合计量规则,可以满足称量结果准确要求。如果违反该规定,可能会产生较大误差,出现称量不准确的法律后果。

JJG1036-2008《电子天平检定规程》第5.4.2项天平准确度级别与e、n的关系表中记载:准确度级别为中准确度级的电子天平,其最小秤量为20倍的分度值。该检定规程实质上规定了电子天平的称量范围。超出称量范围的称量结果必然是不符合规定的。

随着《称量规定》在2016年7月1日实施,越来越多的毒品犯罪案卷增加了电子天平检定证书,部分毒品犯罪案件的检定证书显示办案单位使用了不恰当的电子天平称量毒品,导致部分独立最小包装的毒品净重超出了该电子天平最小秤量。

案例1：A市公安局于2018年3月30日在B市某出租屋内抓获三名嫌疑人，缴获数十包毒品，包括大麻叶、大麻膏、可卡因。办案单位使用一台最大秤量为6000克，分度值为0.1克的电子天平逐一称量这些毒品的净重，形成部分称量笔录如下（见表1、表2）：

表1 白色粉状物称量结果

称量编号	形状	编号	称量结果（克）	备注
1	白色粉状物	1-1	0.3	净重
2	白色粉状物	1-2	0.3	净重
3	白色粉状物	1-3	0.3	净重
4	白色粉状物	1-4	0.2	净重
5	白色粉状物	1-5	0.2	净重

注：上述图表系其中五小包可卡因的称量结果。

表2 植物叶称量结果

称量编号	性状	编号	称量结果（克）	备注
1	植物叶	1-1	1.6	净重
2	植物叶	1-2	1.4	净重
3	植物叶	1-3	1.8	净重
4	植物叶	1-4	1.9	净重
5	植物叶	1-5	2.0	净重
6	植物叶	1-6	1.4	净重
7	植物叶	1-7	2.1	净重

注：上述图表系其中部分大麻叶的称量结果。

笔者认为，上述称量笔录中称量结果在2克以下的均不能被法院采信，理由是办案单位使用的电子天平的最小秤量为2克（20倍的实际分度值，分度值为0.1克），超出了该电子天平的最小秤量，称量结果是不准确的；根据上述规定，称量的毒品重量不足100克，办案人员应当使用分度值为0.01克的电子天平，但本案中办案人员使用的电子天平分度值为0.1克。这也违反了上述规定，会产生称量结果误差过大的法律后果。

案例2：在某一制毒案件中，办案单位在制毒现场查获了大量的制毒液体，办案单位使用了一台最大秤量为32千克、分度值为5克的电子天平称量制毒液体，逐一称量独立最小包装疑似毒品的净重，形成部分称量笔录如下（见表3）：

表3　部分制毒疑似毒品的称量笔录

称量编号	形状	编号	称量结果（千克）	备注
1	棕色液体	01	23.615	净重
2	白色粉末	02	0.995	净重
3	棕色粘稠晶体	03	0.015	净重

从上述部分称量笔录可以看出，棕色液体净重为23.615千克，棕色粘稠晶体净重为0.015千克，该棕色粘稠晶体后来检测出甲基苯丙胺成分。

电子天平分度值为5克，其最小秤量为20倍的分度值，即100克。显然，棕色粘稠晶体的净重超出了该电子天平的最小秤量，该称量结果是不准确的，不应当被法院采信。

案例3：某零包贩毒案，办案单位从贩毒人员口袋里查获了××包海洛因，办案单位使用分度值为0.01克的电子天平逐一称量，形成称量笔录如下（见表4）：

表4　部分独立最小包装毒品净重称量结果

称量编号	形状	编号	称量结果（克）	备注
1	固体	01	0.20	净重
2	固体	02	0.47	净重
3	固体	03	0.14	净重
4	固体	04	0.94	净重
5	固体	05	0.99	净重

从上述称量笔录可以看出，部分独立最小包装毒品净重在0.2克以下。办案单位使用的电子天平分度值为0.01克，故其最小秤量为0.2克。故笔者认为，独立最小包装毒品净重在0.2克以下的称量结果不应当被采信，理由同上。

对于案例3出现的小于0.2克的独立最小包装毒品净重,上述规定也没有考虑到该规定衡器最小分度值为0.01克,而案例3所要求的电子天平分度值应当是0.001克,故解决的途径是办案单位配备该类电子天平或者使用鉴定机构的电子天平进行称量,不建议办案单位委托鉴定机构称量,因为鉴定人受委托行使侦查权进行称量本身是一件有争议的事情。

案例3的第二个问题是独立最小包装毒品净重小于0.2克的毒品,办案单位全部作为检材送检,这些检材在做定性分析时可能全部消耗完毕,不存在重新称量的可能性。这样做的后果是如果这些超出电子天平称量范围的毒品称量结果不被法院采信,剩余可以采信的毒品称量结果总重恰恰低于50克或者10克,则法院通常来说无法对被告人适用十五年以上或者七年以上刑罚(指走私、制造、贩卖、运输毒品罪)。

综上所述,称量不同重量毒品时,针对独立最小包装毒品的不同重量,办案单位应当选择符合法律规定的电子天平进行称量,既不要出现大秤称小物品的情况,也不要出现小秤称大物品的情况,还要避免出现称量结果超出电子天平称量范围的情况。

作者:王红兵

容留他人吸毒罪之容留场所的认定

无论是在理论界还是实务界，对容留他人吸毒罪中的容留场所的认定都是见仁见智的。如果对"场所"进行扩大化解释，比如开放性的酒吧、KTV中的卡座、半封闭性的网咖网位、网络虚拟空间等都可以被认定为容留场所，会导致容留场所的范围过度扩大，违背刑法的谦抑性原则，过度扩大的刑罚也违背我国尊重和保障人权的理念。除此之外，我国《中华人民共和国刑法》（以下简称《刑法》）设定容留他人吸毒罪是我国为了集中力量打击在一定空间范围内的违法吸毒活动，由此立法本意来看，对"场所"也不应做扩大解释。结合司法实践和社会现状，笔者认为，容留他人吸毒罪中的容留场所应具有封闭性、控制性、实体性的特点。

一、封闭性

认定容留场所，不能过度扩大容留场所的范围，如果过度扩大范围，有违罪刑法定原则，对容留场所的解释也有偏颇。容留场所的封闭性是认定容留者容留吸毒行为最显著的特征，这种封闭性是与公开场所的公开性相对的，包括全封闭和半封闭。

全封闭场所最典型的代表是宾馆、酒店的房间。出租车等在某种程度上讲也属于全封闭的场所，且封闭性并不弱于宾馆、酒店。

与全封闭性的场所相对应的是半封闭性的场所，在司法实践中认定半封闭性场所较为困难，如酒吧中的卡座、网咖中的网座等。值得注意的是，酒吧中的包厢是全封闭性场所，其封闭性强，与外界的接触少，未经包厢客人同意，服务人员也不能进入。而酒吧中的卡座一般位于酒吧大厅的两侧，与酒吧大厅仅隔着一层玻璃或帘布，甚至没有任何遮掩，酒吧人流量大，流动性强，因此卡座的封闭性较弱、隐蔽性较差。对于其能否被认定为容留场所，笔者持谨慎态度。在酒吧卡座吸毒的行为很容易被人发现进而被制止，《中华人民共和国禁毒法》第六十五条第二款规定，娱乐场所经营管理人员明知场所内发生聚众吸食、注射毒品或者贩毒活动，不向公安机关报告的，依照前款的规定给予处罚。

二、控制性

容留他人吸毒罪的犯罪主体是场所的提供者，即对场所有控制权、支配权的人。

容留他人吸毒罪中容留场所的控制可以是绝对控制，也可以是相对控制。在我国司法实践中，对于容留者长期取得控制权的场所认定较为容易，对于容留者临时取得控制权的场所认定则存在诸多争议，尤其是在同居者对容留场所的控制权认定上争议较多。

在两名或两名以上人员共同租赁一套房屋居住时，每位合租者都享有对整套房屋的控制权、支配权，但对该房屋能否被认定为容留场所还要具体分析。如果房屋结构为一室一厅，合租者共同使用房间，共同容留他人吸毒，此时该房屋符合容留场所的特征，合租者皆承担刑事责任。但当房屋为两室一厅等复杂结构时，合租者共同容留他人在房屋内吸毒，如果是处于房屋公共区域，应当认定每位合租者都为容留场所的实际控制人；如果吸毒场所处于某合租者单独控制的房间内，只有该房间才符合容留场所的定义。

三、实体性

近些年来，网络容留他人吸毒的方式走进人们的视野，但在司法实践中，网络空间涉毒的行为多被认定为非法利用信息网络的行为，依据如下：

《刑法》（2020修正）[①] 第二百八十七条规定，利用信息网络实施下列行

---

① 本书涉及《刑法》条文皆指2020年修正版，特殊注明的除外。

为之一,情节严重的,处三年以下有期徒刑或者拘役,并处或者单处罚金:(一)设立用于实施诈骗、传授犯罪方法、制作或者销售违禁物品、管制物品等违法犯罪活动的网站、通讯群组的;(二)发布有关制作或者销售毒品、枪支、淫秽物品等违禁物品、管制物品或者其他违法犯罪信息的……

《最高人民法院关于审理毒品犯罪案件适用法律若干问题的解释》第十四条第一款规定,利用信息网络,设立用于实施传授制造毒品、非法生产制毒物品的方法,贩卖毒品,非法买卖制毒物品或者组织他人吸食、注射毒品等违法犯罪活动的网站、通讯群组,或者发布实施前述违法犯罪活动的信息,情节严重的,应当依照刑法第二百八十七条之一的规定,以非法利用信息网络罪定罪处罚。

容留他人吸毒罪的容留场所应是物理上客观存在的,必须具有实体性。网络聊天室、直播间的群主和房主利用网络将众多吸毒人员聚集起来,传播制毒、贩毒、吸毒的体验和经验,并没有在现实中构成容留行为,吸毒者仍然需要自己寻找场所,网络空间仅仅是聚众吸毒行为的客观表现,因此,虚拟的网络空间不应当被认定为容留场所,在网络虚拟空间为他人吸毒提供场所、提供帮助的行为也不能被认定为容留他人吸毒行为。

作者:洪树涌

称量过程中常见问题

在毒品犯罪案件中，毒品数量决定量刑。而毒品数量是电子天平称量的结果，如果电子天平出现质量问题或者使用不当，则必然影响称量结果，从而实质性影响被告人量刑。笔者认为在毒品案件中，有3份证据必须反复全面地翻阅，它们分别是称量笔录、称量照片和称量录像。称量笔录往往是格式条款，很难找到瑕疵，但称量照片和称量录像则不同。

对此，笔者简要谈谈称量过程中易遇到的问题。

1. 大秤称量小件物品

在某大宗贩毒案件中，办案单位称量查获疑似毒品使用的电子天平是分度值为10克、最大秤量为30千克的台秤，而每包疑似毒品的称量结果均为1千克。

根据法律规定，称量1千克以上10千克以下毒品时，电子天平分度值应当达到1克。而本案使用分度值为10克的台秤称量查获的疑似毒品是不符合法律规定的，导致的法律后果是称量结果不准确。

2. 称量结果低于最小秤量

在某零包贩毒案件中，办案单位现场查获多个小包疑似毒品，净重共计×（<15）克（冰毒）。称量这些疑似毒品时，办案人员使用的电子天平分度值为0.1克，最大秤量是3千克。依照有关标准，这种规格的电子天平最小秤量是2克。也就是说，使用这种电子天平，每个疑似毒品的净重不得低于2克，否则由于低于最小秤量造成称量结果不准确。

3. 称量结果大于最大秤量

在某运输海洛因案件中，办案人员对查获的×块海洛因分别称量，称量结果均远大于 200 克。由于侦查卷中没有附具相应的电子天平检定证书，辩护人对此提出异议。之后，公诉人补交了一份电子天平检定证书，辩护人却发现该电子天平最大秤量是 200 克。使用最大秤量是 200 克的电子天平称出远大于 200 克的物品质量，这样的称量结果显然是不准确的，令人无法接受。

4. 错误选择普通称量单位

精密的电子天平一般可以选择不同的称量单位，普通的称量单位有克、克拉、盎司、磅、千克等。在某零包贩毒案中，笔者发现称量照片中的电子天平显示的称量结果单位是"克拉"，而称量笔录显示单位是"克"。显然这样错误选择单位认定涉案毒品数量，是不可取的。

5. 称量结果是毛重而不是净重

在某大宗毒品犯罪案件中，称量录像和称量照片均显示办案单位将整袋白色晶体（包括包装袋）放到托盘上称量，并将该称量结果记载在称量笔录中。由称量录像和称量照片可知，此次称量前，并没有归零和去皮。尽管这样的称量结果，明显不符合《中华人民共和国刑法》第三百四十七条规定的毒品数量，但这是毛重而不是净重。

6. 电子天平检定证书存在的问题

在司法实践中，称量笔录记载的电子天平的型号与检定证书并不一致，或将电子天平的检定证书与砝码的检定证书混为一谈的情形，皆有出现。此外，涉案疑似毒品的称量时间都有可能不在所使用电子天平检定证书规定的有效期内。

7. 电子天平有无归零

2016 年《办理毒品犯罪案件毒品提取、扣押、称量、取样和送检程序若干问题的规定》第 14 条第 2 款规定，称量前，称量人应当将衡器示数归零，并确保其处于正常的工作状态。但在实践中没有归零的情形还是偶有发生。

某毒品犯罪案件中的称量录像显示，办案单位连续称量多个包装的疑似毒品时，并未在称量每一包疑似毒品前对电子天平归零，而是放上去后读一个数，就取下该包疑似毒品，接着称下一包疑似毒品；甚至在称量第一包疑似毒品时，也没有将电子天平归零。

显然，在没有将电子天平归零的情况下，称量出的毒品重量是不具有可信度的。

8. 周围环境（如声音、风笃）对称量有时也会产生影响

称量时电子天平受环境因素影响较大。

某毒贩案件中，在称量疑似毒品时，因现场风力较大，电子天平放置于不同位置称量时，称量结果出现了不一样的数字。但办案人员并未将该风力因素考虑在内，而是直接记录称量数据。笔者认为将此称量结果直接作为事实认定，并不科学。

除此之外，电子天平的质量也有可能影响称量结果。

对于上述称量过程中影响称量结果的因素，笔者认为应在司法实践中引起相关人员的重视，并严格按照规定准确称量。作为律师，在毒品犯罪案件中，也应认真审查称量笔录、称量照片和称量录像，对比法律规定判断这些证据是否合法、真实。

当然，电子天平的质量也影响称量结果。如果办案单位使用的电子天平不是正规厂家生产的，没有计量生产许可证，这样的电子天平即便经检定合格，其称量出的结果也是不可接受的。

作者：王红兵

最小秤量理论

任何一台检定合格的电子天平都有其最大秤量和最小秤量。当被称物质质量高于最大称量或低于最小秤量时，所取得的称量结果是无效的。

毒品案件中核心证据是毒品本身，《中华人民共和国刑法》规定的毒品犯罪刑罚与毒品数量有重大关系。涉案毒品数量越大，量刑就越重。毒品数量证据就是靠电子天平称量完成的。所以电子天平质量是否合格，电子天平是否检定合格，在法庭上通常是控辩双方的争议焦点。

2016年7月实施《办理毒品犯罪案件毒品提取、扣押、秤量、取样和送检程序若干问题的规定》（公禁毒〔2016〕511号）专门规范毒品的称量取样。称量应当使用适当精度和称量范围的衡器。称量的毒品质量不足一百克的，衡器的分度值应当达到零点零一克；一百克以上不足一千克的，分度值应当达到零点一克；一千克以上且不足十千克，分度值应当达到一克。该规定表明，为了达到准确称量疑似毒品的效果，不同重量的疑似毒品，应当使用相应精度的电子天平称量。但在实践中，办案单位办理毒品犯罪案件时经常使用的电子天平是中准确度级别。这种电子天平随着最大秤量不同而分度值不同，笔者见到的电子天平分度值最大的是10克，最小的是0.01克。尤其在零包贩毒案件中，分度值是0.01克的电子天平检定证书居多。

什么是毒品案件中的最小称量理论？笔者认为，毒品案件中当称量的疑似毒品净重低于使用该电子天平的最小秤量时，所取得的称量结果是不准确的，应是无效的。任何一台电子天平均有自己的称量范围，既有最大秤量，也有最小秤量。电子天平检定证书上往往会记载相应的最大秤量是多少，但不会标注最小秤量是多少。

如何计算电子天平的最小秤量？根据2008年《中华人民共和国国家计量检定规程（电子天平）》（以下简称《电子天平计量检定规程》）规定，可以计算中准确度级别的电子天平最小秤量是20分度值。如果中准确度级别的电子天平分度值为0.01克，则其最小秤量是0.2克；如果中准确度级别的电子天平分度值为0.1克，则其最小秤量为2克，也就是说看到电子天平检定证书中的分度值，直接20倍分度值就是该电子天平的最小秤量。

低于最小秤量的独立最小包装疑似毒品质量准确吗？根据2008年《电子天平计量检定规程》第3.1.7项对最小秤量的定义，小于该载荷值时称量结果可能产生过大的相对误差。也就是说，低于最小秤量的毒品质量称量是不准确的。在实践中，毒品犯罪案件中办案单位称量疑似毒品所使用的电子天平最小分度值是0.01克，至今没有发现更低的分度值（实验室精密电子天平除外），这样的电子天平最小秤量是0.2克。有的毒品犯罪案件查获的部分独立最小包装疑似毒品净重低于0.2克，这样的结果超出了该电子天平称量范围，称量结果定是不准确的。

最小秤量理论在零包贩毒案件中的价值在于：毒品案件中，走私、贩卖、运输、制造冰毒、海洛因、可卡因数量刚好超过10克或者50克，被告人应当被判处7年或者10年刑罚。但这类案件如果发生低于最小称量的执法行为，扣除低于最小秤量的毒品数量，剩余毒品数量就低于10克或者50克，法官必须在7年或者15年法定刑以下量刑。

作者：王红兵

重大毒品案件：
最小称量理论、鉴定超范围

在毒品犯罪案件中，称量取样笔录记载的电子天平型号和电子天平检定证书是否吻合？称量出的疑似毒品重量是否在该电子天平的称量范围内？鉴定机构是否具有计量认证资格或者实验室认可资质，鉴定机构使用的标准（方法）是否在其核准的检验检测能力范围内，使用的标准（方法）适用对象是固体疑似毒品还是液体疑似毒品？往往是法庭上控辩双方争议的焦点。

2016年，在一起制造氯胺酮数量巨大的毒品案件中，案涉固体氯胺酮××克，含有氯胺酮成分的液体××克。如果控方指控成立，第一被告人可能被判处死刑。现就该案件中存在的低于最小秤量、鉴定超范围、使用错误标准鉴定等问题，笔者谈几点看法。

一、小秤称大物品、低于最小秤量

随着2016年7月1日《办理毒品犯罪案件毒品提取、扣押、称量、取样和送检程序的若干规定》的实施，办案人员在之后办理的毒品犯罪案件中增加了疑似毒品称量取样笔录，在称量取样笔录中注明称量疑似毒品的电子天平型号和检定证书编号。

但该起毒品犯罪案件没有附检定证书，仅称量取样笔录中记载了电子天平型号。笔者先是通过称量取样笔录记载的电子天平型号检索到生产厂家官网挂出的该型号的技术信息，笔者发现该电子天平最大秤量为200克，最小秤量为0.01克，但称量取样笔录所记载的最大一个疑似毒品的净重为××克，远远超出了该电子天平的最大秤量。

接到质疑意见，公诉人很快提供了情况说明和另外一种型号的电子天平检定证书，公诉人称因办案人员工作失误写错了电子天平的型号。笔者审查检定证书，该证书记载最大秤量为 60 千克，三级合格。

笔者注意到检定证书记载的实际分度值 d = 5 克。根据 2008 年《电子天平计量检定规程》，三级合格的电子天平的最小秤量是 20d，可以计算出该电子天平的最小秤量是 100 克。但称量取样笔录中记载的一个疑似毒品净重为××克，另一个疑似毒品净重为××克。笔者向法官指出用最小秤量为 100 克的电子天平称出的××克、××克的疑似毒品净重由于低于该电子天平最小秤量，故称量结果是不准确的，属于事实不清。

二、鉴定超范围、使用错误标准鉴定

在 2005 年，《全国人民代表大会常务委员会关于司法鉴定管理问题的决定》和《公安机关鉴定机构登记管理办法》均规定，取得司法鉴定资质的鉴定机构应当具有计量认证或者实验室认可资质的实验室。《中华人民共和国认证认可条例》规定，取得计量认证资格的检测机构应当在核准的检验检测能力范围内向社会出具数据和结果。核准的检验检测能力范围包括两部分，一部分是可以检测哪些物质，另一部分是用哪些标准或方法。如果鉴定意见所涉及的物质或者标准（方法）不在核准的检验检测能力范围内，则鉴定意见不具有合法性。

本案有两份鉴定意见书，一份是公安鉴定机构做出的对疑似固体氯胺酮毒品进行定量分析的鉴定意见；另一份是一家民间鉴定机构做出的对疑似液体氯胺酮毒品进行定量分析的鉴定意见，该民间鉴定机构具有司法鉴定资质和计量认可资质。公安鉴定机构做出的鉴定意见，使用了其核准的检验检测能力范围外的《氯胺酮的定量检测方法》，国家认证认可监督管理委员会回函认定了这一点，且明确称该鉴定机构出具的数据和结果不具有对社会的证明作用。

公诉人补了一份公安鉴定机构出具的情况说明。公安鉴定机构称该《氯胺酮的定量检测方法》系省公安厅技术部门批准的，授权各级公安司法鉴定机构使用，本机构根据授权使用该方法没有问题。但笔者认为，《氯胺酮的定量检测方法》没有经过国家认证认可监督管理委员会核准，使用《氯胺酮的定量检测方法》不具有合法性，且不能排除该公安鉴定机关不具有使用这种检测方法的技术能力，或者说没有技术保障该公安鉴定机构使用该检测方法能得出客观、准确、真实的结果。

  民间鉴定机构出具的鉴定意见书记载送检检材检测出了氯胺酮成分。但笔者注意到，鉴定意见书记载使用的检测标准是 GB/T 29636－2013 甲基苯丙胺的定性定量国标，笔者向法庭指出甲基苯丙胺的国标仅适用于固体甲基苯丙胺的定性定量分析，不适用于氯胺酮的定性定量分析。对此，民间鉴定机构出具情况说明，称漏写了 GB/T 29637－2013 氯胺酮的定性定量国标。

  总之，对于称量取样笔录，要核对办案单位称量出来的疑似毒品重量是否在该电子天平的称量范围内。对于鉴定意见书，要核对鉴定机构使用的方法或者标准是否在其检验检测能力范围内，即使在检验检测能力范围内，也要核对该方法或者标准适用的对象是固体还是液体。

作者：王红兵

取样不规范对鉴定文书可采性的影响

在毒品案件中，所查获的疑似毒品必须依赖于鉴定文书的鉴定意见才能确认查获的疑似毒品是不是毒品，是什么毒品，含量是多少。鉴定文书的法律效力也依赖于送检检材的合法、真实、充足和完整。毒品案件中，取样不规范会影响送检检材的充足性、完整性和代表性，如果送检检材不具有充足性、代表性，必然影响案件中鉴定文书的法律效力。

我们简要谈谈取样不规范会有哪些影响。

一、取样不规范对鉴定文书的影响

《办理毒品犯罪案件毒品提取、扣押、称量、取样和送检程序若干问题的规定》（本文以下简称《规定》）第二十四条规定了取样的方法，对单个包装的毒品，应当按照下列方法选取或者随机抽取检材：（一）粉状。将毒品混合均匀，并随机抽取约一克作为检材；不足一克的全部取作检材。（二）颗粒状、块状。随机选择三个以上不同的部位，各抽取一部分混合作为检材，混合后的检材质量不少于一克；不足一克的全部取作检材。（三）膏状、胶状。随机选择三个以上不同的部位，各抽取一部分混合作为检材，混合后的检材质量不少于三克；不足三克的全部取作检材。（四）胶囊状、片剂状。先根据形状、颜色、大小、标识等外观特征进行分组；对于外观特征相似的一组，从中随机抽取三粒作为检材，不足三粒的全部取作检材。（五）液态。将毒品混合均匀，并随机抽取约二十毫升作为检材；不足二十毫升的全部取作检材。（六）固液混合状态。按照本款以上各项规定的方法，分别对固态毒品和液态毒品取样；能够混合均匀成溶液的，可以将其混合均匀后按照本款第（五）项规定的方法取样。对其他形态毒品的取样，参照前款规定的取样方法进行。以单个包装的毒品冰毒为例，该规定要求随机选择三个以上不同的部位，各抽取一部分混合作为检材。该规定是以统计学原理为基础的，采用该方法取样可以最大程度地保证抽取的检材具有代表性、全面性和均匀性。

一方面，办案人员不规范的取样方法对疑似毒品的定性检验结果会产生影响。在实践中，毒品犯罪人员为了谋取较大利润，往往会在准备销售的冰毒（主要成分为甲基苯丙胺）中掺入价格低廉的、外观与冰毒类似的化学物质，比如N-苄基异丙胺（目前*国家尚未将N-苄基异丙胺列管为精麻药品）。如果办案人员碰巧抽取的一小块检材是N-苄基异丙胺，那么相应的定性检验结果应当是送检的检材中检出N-苄基异丙胺成分。笔者办理过几个检出N-苄基异丙胺成分的贩毒案件，均被法院认定为（贩卖毒品罪）犯罪未遂，被告人均被减轻处罚。

如果办案人员抽取的一小块检材被检出甲基苯丙胺成分，则足以认定所查获的同一组疑似毒品均为冰毒，因为司法实践中除非死刑案件，基本上是不考虑毒品含量的，在这种情况下无论怎么质疑办案人员的取样方法违规，均很难得到法院认同。

另一方面，办案人员不规范取样方法对疑似毒品的定量检验结果会产生影响。不规范的取样方法会导致送检的检材不具有代表性、全面性和均匀性，从而使定量检验结果不能客观反映所查获疑似毒品的真实含量。笔者认为，在可能判处死刑的毒品犯罪案件中，将其作为辩护观点可能会引起法官的注意。例如，办案人员查获一包有许多块状的疑似冰毒，不同块状冰毒含量差别较大，办案人员抽取的一小块疑似冰毒恰恰是含量最高的，则含量比例最高的定量检验报告就是这包毒品的含量；如果办案人员抽取的一小块疑似冰毒含量较低，则含量比例较低的定量检验报告就是这包毒品的含量。显然，无论是含量最高的定量检验报告还是含量较低的定量检验报告均不能

---

* 此处"目前"指笔者写此文时。

真实反映这包疑似毒品的平均含量。

如果按照规范取样，则定量检验报告结果就会接近或者真实反映这包毒品的平均含量。

二、分组不规范可能会影响取样数量

对同一案件查获的两个以上包装的毒品，《规定》第六条规定，对同一案件在不同位置查获的两个以上包装的毒品，应当根据不同的查获位置进行分组。对同一位置查获的两个以上包装的毒品，应当按照以下方法进行分组：（一）毒品或者包装物的外观特征不一致的，根据毒品及包装物的外观特征进行分组；（二）毒品及包装物的外观特征一致，但犯罪嫌疑人供述非同一批次毒品的，根据犯罪嫌疑人供述的不同批次进行分组；（三）毒品及包装物的外观特征一致，但犯罪嫌疑人辩称其中部分不是毒品或者不知是否为毒品的，对犯罪嫌疑人辩解的部分疑似毒品单独分组。该条明确要求应根据查获的位置、毒品本身及其包装外观特征、犯罪嫌疑人供述应采用不同的分组方法。如果分组不当，可能会影响取样的数量，导致取样数量不具有代表性、全面性和均匀性，并进而直接影响理化检验报告结果。

例如，办案人员在犯罪嫌疑人身上的同一个口袋内查获了 x 包黑色塑料袋包装的白色块状物质、y 包红色塑料袋包装的白色块状物质。由于疑似毒品外观包装不同，则符合规范的分组取样方法是黑色塑料袋疑似毒品为一组，红色塑料袋疑似毒品为一组，每组均抽取 n 个样品送检。但该案办案人员没有依照规定为查获的疑似毒品分组，而是从查获的全部疑似毒品中直接抽取了 n 个样品送检。送检的样品数量少了一倍，导致送检的样品不具有代表性、全面性和均匀性，不能客观反映查获的全部疑似毒品的性质和含量。

三、混合后称量取样导致的法律后果

《规定》第十五条规定，对两个以上包装的毒品，应当分别称量，并统一制作称量笔录，不得混合后称量。笔者认为，不同包装物内的毒品混合后取样的法律后果是可能会影响真假毒品的鉴定、不同毒品的鉴定及毒品含量的鉴定。通俗地说，两个以上包装的疑似毒品，有的包装内可能是真毒品，有的包装内可能是假毒品；有的包装内可能是这种毒品，有的包装内可能是那种毒品，有的包装内可能是两种以上毒品共存；有的包装内毒品含量可能较低，有的包装内毒品含量可能较高，甚至有的包装内可能出现两种以上毒品的含量。混合后取样，导致无法查清所查获疑似毒品每包的性质、毒品种类和相应含量，可能会对量刑产生或轻或重的影响。

例如，某一贩毒案件抓获现场，办案人员在四个不同位置各查获了一个透明塑料袋。塑料袋一有 A（<10）个小红色塑料袋包装的白色块状物质；塑料袋二有 B（≥10）个小红色塑料袋包装的白色块状物质；塑料袋三有 C（≥10）个小红色塑料袋包装的白色块状物质；塑料袋四有 D（≥10）个小红色塑料袋包装的白色块状物质。由于是从四个不同位置查获的疑似毒品且每处外观包装相同，符合规范的分组取样方法是每个位置查获的疑似毒品为一组，共计分为四个组，A 个红色塑料袋包装的疑似毒品全部取样送检；其他三组各抽取 C 个样品送检，这样送检的样品总数为 30 + A 个。如果实际称量取样方法是以透明塑料袋为单位，将袋内全部红色塑料袋包装拆除，混合后称量该袋内全部疑似毒品净重，然后各个透明塑料袋中各取一个样品，这样送检的样品总数为 4 个。显然，实际送检的 4 个样品和应当送检的 30 + A 个样品差距很大，不具有代表性、全面性和均匀性，无法客观反映全部涉案疑似毒品的性质和含量。另外，混合后称量的行为是不可逆且无法补救的。这一不规范行为若发生在毒品死刑案件中，则必然会影响定量理化检验报告结果，因含量结果事实不清影响法官对被告人是否适用死刑的认定。

综上所述，不规范的取样行为不能客观反映所查获疑似毒品的性质和含量，故会直接影响鉴定文书的可采性，并进而影响定罪量刑。

作者：王红兵

论涉案毒品纯度鉴定的必要性

毒品犯罪是我国的社会"毒瘤"，对我国经济发展和社会稳定造成了不可估量的危害。当前我国刑事立法中，普通涉毒案件的定罪量刑均以所查获的涉案毒品数量为基准来决定刑档。从刑事立法到司法的整个过程中，除死刑案件外，量刑基本不关注涉案毒品的纯度，也正是因为这种现状使然，侦查机关对于所查获的毒品一般只作定性及种类分析，不对毒品含量纯度进行鉴定，鉴定结论表述为"含有某种毒品成分"或"系某种毒品"。诚然，这种不计算毒品纯度的处罚方式在某种程度上能够更好地达到短期内的毒品社会治理目的，但不是长远之计，也不符合法治精神。忽视毒品纯度，存在诸多弊端。将毒品纯度纳入定罪量刑的考量因素之中，既有利于更好地打击毒品犯罪，也有利于推动法治社会进程。

一、忽视毒品纯度会导致实质上的刑罚不公

案例1：2012年3月，A购买液体美沙酮净体积××毫升，为了满足吸食量，其将所购买的美沙酮稀释至净重××毫升。当晚，A携带稀释后的美沙酮进火车站安检时被民警查获。A因犯非法持有毒品罪被法院判处有期徒刑3年。

案例2：2013年7月，B和C从某处各购买了净重××克的高纯度冰毒欲带回住处。B为牟取暴利，将所购买的××克冰毒进行掺假，掺假后净重为××克。当日B和C在火车站被抓获。B因犯运输毒品罪被法院判处有期徒刑15年；C因犯运输毒品罪被法院判处有期徒刑2年6个月。

在案例1中，A添加水的结果却导致了罪与非罪的区别；在案例2中，

杂质的掺入导致B、C两人的量刑截然不同。毒品的危害性在于载体中的毒性危害物质，而不是载体中的其他杂质。虽然上述两个案例的判决符合现行的法律规定，但忽视毒品纯度，某种程度上造成了定罪量刑的不公平。

《中华人民共和国刑法》（以下简称《刑法》）第三百五十七条第二款的规定，毒品的数量以查证属实的走私、贩卖、运输、制造、非法持有毒品的数量计算，不以纯度折算。以毒品数量作为毒品犯罪定罪量刑标准，实质上是对毒品犯罪的"严打"，但也应通过毒品纯度分析，对毒品的数量和危害性进行客观、科学的判断，而不是仅关注表面的数量。数量相等的毒品，毒品纯度不同，危害性可能完全不同。刑罚的轻重应当以客观危害结果为标准，罪当其行、罚当其罪。

二、忽视毒品纯度会导致打击对象出现偏差

在毒品犯罪案件中，越是上游的犯罪分子，其掌控的毒品纯度越高，价格越贵，危害越大。随着毒品的转手和掺假，纯度会越来越低，但是毒品数量会越来越多。如果仅以毒品的数量作为惩处根据，大量处于下游的持有低纯度毒品的涉毒人员会消耗大量的司法资源，打击对象会自然而然地偏向中下游涉毒人员。那些拥有资金、技术、运输、销售渠道的上游涉毒人员，却得不到有效打击。他们才是打击的重中之重。

三、忽视毒品纯度在一定程度上浪费司法资源

我国《刑法》只对海洛因、甲基苯丙胺、罂粟等毒品明确了量刑标准，对氯胺酮、甲卡西酮等新型毒品并未明确量刑标准。2007年12月，最高人民法院、最高人民检察院、公安部《办理毒品犯罪案件适用法律若干问题的意见》规定了氯胺酮、美沙酮、三唑仑、安眠酮、氯氮卓、地西泮、艾西唑仑、溴西泮、MDMA等九种（类）新型毒品的定罪量刑标准，但对上述9种（类）之外的新型毒品未明确折算标准和量刑依据。新型毒品的成分较为复杂，大多含有两种以上的毒品成分，如果不对其中的活性成分的含量进行鉴定，而直接将其全部视作毒品，显然是对被告人的不公。被告人势必会对毒

品纯度问题提起上诉,这是对司法资源的一种浪费。如果在侦查、起诉阶段就对毒品数量、纯度进行准确的认定,为审判打下扎实基础,判决结果也更能为被告人所接受。则可以有效避免被告人因不服一审判决而上诉,从而有利于节约司法资源、提高司法效率。

四、忽视毒品纯度导致量刑畸重不利于构建和谐社会

毒品数量不以纯度折算,从本质上来说量刑畸重,从而导致毒品犯罪的死刑犯比例居高不下。"少杀慎杀"是我国的刑事司法审判的基本原则之一,但依据目前毒品犯罪领域的量刑标准,这一目标很难实现。而且也正因如此,毒品犯罪分子知道自己一旦被捕是"凶多吉少",便会成为"亡命之徒",逐渐演化成暴力犯罪,引发更多的危害性后果。同时这也给一线缉毒执法人员的生命安全带来严峻挑战。量刑畸重的结果不但没有化解社会矛盾,反而不利于和谐社会的构建。

毒品的纯度虽然与定罪无关,但却应将其作为决定适用量刑幅度的重要依据。在分析因毒品数量的不同而对社会造成的危害性存在差异时,还要注重对纯度的分析。涉案毒品数量和类型在客观上相同时,毒品纯度无疑应成为决定量刑幅度的关键因素。有的放矢的处断原则可以有效避免罚不当罪的现象,因此,对涉案毒品进行纯度鉴定十分必要。

作者:洪树涌

毒品案件鉴定：
鉴定标准应当公开、统一

毒品案件的鉴定标准应当使用国家标准和其他依法制定的公开的标准，而不是公安机关内部掌握的实验室标准。

当前公安机关系统内部分公安司法鉴定机构对送检的疑似毒品定性定量分析所使用的标准不公开、不统一。毒品鉴定文书在毒品犯罪案件中的重要性无法用语言形容。没有定量的鉴定文书，即使毒品数量再大，也不能判处被告人死刑；没有定性的鉴定文书，就没有充分证据证明涉案疑似毒品究竟是什么毒品。

一、当前毒品案件鉴定过程中使用的鉴定标准现状

笔者通过几个例子阐述公安司法鉴定机构鉴定标准的现状，如鉴定标准被忽略、使用公安内部实验室标准等。

（一）鉴定标准不写在毒品鉴定文书中

2014年在A市发生一起大宗毒品贩毒案件，同年A市公安司法鉴定中心出具相应的鉴定文书，记载用GC/MS和GC/FID定性定量分析，检材1检出甲基苯丙胺成分，甲基苯丙胺含量为××克/100克；检材2检出甲基苯丙胺成分，甲基苯丙胺含量为××克/100克。

2016年二审法院开庭。在法庭上，辩护人质询鉴定人。

辩护人：使用了什么标准定性定量分析？

鉴定人：实验室内部标准。

辩护人：为什么不使用国家标准？

鉴定人：国家标准是推荐性标准，不是强制性标准。

而实验室内部标准是什么标准却没有公开，也没有写在鉴定文书中。

（二）鉴定文书仅记载实验室内部标准的名称和编号

B 市公安司法鉴定中心出具的定性定量鉴定文书使用的也是自己实验室制定的标准，其与 A 市公安司法鉴定中心出具的鉴定文书的区别是 B 市公安司法鉴定中心将自己制定的实验室标准名称和编号写进了鉴定文书，而 A 市的没有写进去。

笔者尝试向 B 市公安司法鉴定中心申请公开其制定的实验室标准，但是政府信息公开申请书没有得到回复。

（三）部分公安司法鉴定机构使用省公安厅制定的实验室标准

近日，笔者向 C 省公安厅申请公开两项标准：一是定性标准；二是定量标准。这两个标准可以对多个疑似毒品定性定量分析，系该公安厅制定，部分所属公安司法鉴定中心采用这两项标准出具检验意见书。该省公安厅以这两项标准是内部文件为由书面回复不予公开。

经过交涉，笔者在该省公安厅查阅了这两项标准。这两项标准特点如下：

1. 相对于国家标准，该标准内容非常简单。
2. 可以检测出 20 多种已知常见毒品。

笔者在和有关技术人员沟通时，笔者提出了如下疑问。

笔者：为什么不使用国家标准？

技术人员：使用国家标准麻烦、成本高、不能批量鉴定、不能快速鉴定，国家标准还具有滞后性，不能适用于新型毒品的检测。使用这两项标准操作简单，节省成本，可以快速出结果，结果也准确，在国家有关部门每年组织的盲检中，各项结果均排在全国前列。

（四）部分公安司法鉴定中心使用国家标准对检材定性定量分析，出具鉴定文书

部分公安司法鉴定中心使用国家标准对检材定性定量分析，并出具鉴定文书。这样的鉴定机构呈现越来越多的趋势。

通过上述例子可以得出结论：在毒品犯罪案件中，部分公安司法鉴定中心使用自己实验室制定的标准对检材定性定量分析；部分公安司法鉴定中心使用上级公安机关制定的标准对检材定性定量分析；部分公安司法鉴定中心使用国家标准对检材定性定量分析。

二、鉴定标准统一公开的必要性

实验室内部标准是公安系统根据案件需要自行制定的标准，它既不是国家标准，也不是行业标准，无法通过公开渠道查阅获取。即使辩护人申请政府信息公开，也经常碰壁。实验室内部标准不公开，无法使被告人及辩护人信服鉴定文书的鉴定意见。

由于毒品犯罪案件中各个公安司法鉴定中心所使用的鉴定标准不统一，不能排除相同的检材在不同的实验室使用不同标准进行定性定量分析，会出现较大差别结果的合理怀疑。这种情况的出现，对被告人来说是不公平的。

由于鉴定标准不统一，使用哪个标准检测出的结果客观、真实、准确，就比较难判断，因为并不具有可比性。实验室内部标准还有一个很大的缺陷是缺乏透明性，它不公开，外界无法监督。公安部就常见毒品鉴定标准问题已经制定了多个国家标准和行业标准，且不断起草、制定新的标准，以适应新形势要求。

三、应当统一使用国家标准，至少公开其他已经使用的内部实验室标准

各地公安司法鉴定中心应当统一采用公安部制定颁布的国家标准，使得鉴定标准统一化、公开化。目前尚在使用自己指定的实验室内部标准对送检的疑似毒品定性定量的鉴定机构，应当公开其实验室内部标准，接受外界监督。

各级法院在辩护人提出鉴定意见书不符合法律规定且理由充分的情况下，应当调取相应的鉴定内档、通知鉴定人出庭接受质询，这也是一种有效的监督方式。

作者：王红兵

敢于质疑鉴定文书

当前毒品犯罪案件中司法鉴定的非统一化、非透明化、非公开化问题严重。本文列举了部分鉴定文书中存在的诸多问题，初步分析了原因，并给出了相应辩护建议。

一、鉴定文书普遍存在的问题

鉴定文书以鉴定意见书的形式记载送检检材中是否检出了毒品成分、是什么毒品成分及相应的含量。没有鉴定文书的支持，法官很难对被告人定罪。

但是，当前毒品犯罪案件涉及的司法鉴定存在非统一化、非透明化、非公开化等问题，部分鉴定文书存在以下问题。

（一）以 GC/MS 方法对样品定性分析，但没有说明适用什么标准

例如，某地市公安司法鉴定中心在一份鉴定文书中记载："取送检各检材各样本适量，分别用有机溶剂提取，经净化浓缩后作 GC/MS 和 GC/FID 定性定量分析。"上述鉴定文书没有说明适用的具体标准，比如是国家标准、行业标准，还是实验室内部标准等。

（二）以 GC/MS 方法对样品定性分析，但适用标准是实验室内部标准

例如，某市公安司法鉴定中心对疑似毒品进行定性分析和定量分析使用的是均是该市实验室内部标准。在同时存在国家标准的情况下，适用实验室内部标准是不符合规定的。

（三）公安司法鉴定中心不具有检验检测机构认定资质

《中华人民共和国认证认可条例》（2020 修订）第十五条规定，向社会出具具有证明作用的数据和结果的检查机构、实验室，应当具备有关法律、

行政法规规定的基本条件和能力，并经依法认定后，方可从事相应活动，认定结果由国务院认证认可监督管理部门公布。但实践中，一些公安司法鉴定中心不具有检验检测机构认定资质。

（四）鉴定文书缺少必要的分析、检验过程和论证

一些毒品犯罪案件中涉及的鉴定文书，缺少必要分析和论证的，这让辩护律师无从下手。比如，一份"物证鉴定文书"记载："……八、鉴定要求：甲基苯丙胺定性定量检验。九、检验：取1号检材适量，按GB/T 29636 - 2013方法进行分析。……"上述物证鉴定文书根本没有论证，也没有记载检验过程。

（五）鉴定文书没有附具相应的图形、数据支持检验结果

鉴定文书缺乏附属图形、数据辅助支持检验结果，其证据证明力将大打折扣。

（六）部分鉴定文书缺少授权签字人签字

缺少授权签字人的鉴定文书一般是由没有实验室认可资质或者检验检测机构认定资质的公安司法鉴定中心出具。

（七）部分化验鉴定文书未附有鉴定机构资格证书和鉴定人资格证书

毒品犯罪案件卷宗缺少鉴定机构资格证书和鉴定人资格证书的现象普遍存在。笔者曾在法庭上要求提供鉴定机构和鉴定人的资格证书，法官也同意了笔者的申请让公诉人提供，公诉人无法提供。

（八）鉴定人和鉴定机构没有向当地司法厅备案登记并被上报编入《国家司法鉴定人和司法鉴定机构名册》

《全国人大常委会关于司法鉴定管理问题的决定》第三条规定，国务院司法行政部门主管全国鉴定人和鉴定机构的登记管理工作。省级人民政府司法行政部门依照本决定的规定，负责对鉴定人和鉴定机构的登记、名册编制和公告。

笔者经办的每个毒品犯罪案件均向省司法厅申请政府信息公开查询有

关公安司法鉴定中心是否向省司法厅备案登记并被编入《国家司法鉴定人和司法鉴定机构名册》，省司法厅均书面回复所查询的鉴定人和鉴定机构未在本机关登记备案，本机关也未将其上报机构编入《国家司法鉴定人和司法鉴定机构名册》。

（九）部分鉴定文书存在明显的实质性文字错误

（十）部分鉴定文书太重视办案人员介绍的案情而忽略了尊重事实

例如，某地市公安司法鉴定中心一份鉴定文书关于检材的记载为："检材1：1008房客厅内缴获的白色晶体××袋；检材2：1008房厨房内缴获的白色晶体××袋。"办案人员确实在该房屋搜查出了白色晶体××袋和××袋，但称量录像显示办案人员送检的检材包装系"透明连盖子弹头离心管"，不是上述鉴定文书记载的"袋"。

（十一）司法鉴定中心称量的检材净重和办案单位上交的毒品净重数量一致

在2016年7月1日《办理毒品犯罪案件毒品提取、扣押、称量、取样和送检程序若干问题的规定》实施前，毒品案件往往由公安司法鉴定中心称量出涉案毒品净重，而办案单位上交入库的涉案毒品数量往往与之一致。如果办案单位和公安司法鉴定中心均依照规定处理，就不会出现这种违背客观真实的情况。因为公安司法鉴定中心在称重后还要取样，然后对样品进行定性定量分析，在分析过程中要损耗样品的，故两者数量应当不一致。

二、辩护人该做些什么

辩护人应维护委托人的合法权益，必须充分运用自己的专业知识、经验、证据和法律规定大胆质疑鉴定文书。

（一）关于不具有实验室资质认可的公安司法鉴定中心合法性的问题

依照《全国人大常委会关于司法鉴定管理问题的决定》第五条第一款第三项和《公安机关鉴定机构登记管理办法》第十条，公安司法鉴定中心所属的实验室须获得实验室认可资质。

笔者曾在法庭上质疑不具有实验室认可资质的公安司法鉴定中心的合法性，对此，法院在裁判文书中回应称"至于某某省公安厅批准某某公安司法鉴定中心《鉴定机构资格证书》的行政行为是否合法的问题并非本院审查范围，辩护人可另觅救济途径。"故笔者建议，当事人可以尝试通过行政诉讼途径质疑省公安厅向不具有实验室认可资质的公安司法鉴定中心许可《鉴定机构资质证书》的合法性。

（二）关于不具有检验检测机构资质认定的公安司法鉴定机构合法性的问题

根据《检验检测机构资质认定管理办法》的规定，公安司法鉴定机构还需获得检验检测机构资质认定。故辩护人可以审查有关的公安司法鉴定中心是否具有检验检测机构资质认定，也可以建议当事人对省公安厅向不具有检验检测机构资质认定的公安司法鉴定中心颁发《鉴定机构资格证书》的行政行为提起行政诉讼。

（三）关于检测方法和适用标准的问题

对甲基苯丙胺进行定性分析较常用的方法是 GC/MS 法，全称为气相色谱－质谱联用仪检验法；对甲基苯丙胺进行定量分析，较常用的方法是 GC－FID 法。但对甲基苯丙胺进行定性分析和定量分析适用的标准却有几个：

一是国家推荐标准：GB/T 29636－2013《疑似毒品中甲基苯丙胺的气相色谱、高效液相色谱和气相色谱－质谱检验方法》。

二是公安部物证中心制定的行业标准：IFSC 04－02－07－2011《甲基苯丙胺的定性定量检验方法》。

三是实验室内部标准：如广东省广州市公安司法鉴定中心对甲基苯丙胺进行定量分析经常使用的是 GZIFS/QW－HY/102－2008 标准，对甲基苯丙胺进行定性分析使用的是 GZIFS/QW－HY/108－2011 标准。

笔者认为，检测方法正确，但适用的标准错误，得出的结论则必然是错误的。在国家标准出台后，各地公安司法鉴定中心不应当再适用行业标准或实验室内部标准，理由如下：

1. 2016年《司法鉴定程序通则》第二十三条规定："司法鉴定人进行鉴定，应当依下列顺序遵守和采用该专业领域的技术标准、技术规范和技术方法：（一）国家标准；（二）行业标准和技术规范；（三）该专业领域多数专家认可的技术方法。"在国家标准出台后，适用行业标准或实验室内部标准对甲基苯丙胺进行定性定量分析是不符合该规定的。

2. 实验室内部标准无法通过公开渠道获取。例如，广东省广州市公安司法鉴定中心对甲基苯丙胺进行定量分析使用的是 GZIFS/QW – HY/102 – 2008 标准，对甲基苯丙胺进行定性分析使用的是 GZIFS/QW – HY/108 – 2011 标准。上述两个标准无法通过公开渠道获取。辩护人如果不知晓标准的内容，如何为自己的当事人辩护？故这种情况客观上就阻碍了辩护人的辩护，也阻碍了司法鉴定的统一化、透明化和公开化。

（四）关于化验鉴定文书"惜字如金"的问题

例如，某地市公安司法鉴定中心出具的一份化验鉴定文书记载："检验过程"为"检材经处理后，用 GC/MS 法检验定性。""检验结果"为"检材白色晶体检出甲基苯丙胺成分"。其他化验鉴定文书与之大同小异。笔者认为它们均缺少必要的分析和论证。

依据上述规定，这类鉴定文书明显缺少必要的分析和论证，缺少相应的图形或数据支持检验结果，故辩护人要大胆提出异议并提供相应的法律依据，请求法院同意调取鉴定档案，请求法院同意鉴定人出庭，促进当地公安司法鉴定中心透明化、公开化。总之，辩护人要敢于质疑神秘的鉴定文书，通过个案逐渐影响法官，改变鉴定文书现状，促进公安司法鉴定中心的统一、公开、透明。

作者：王红兵

在特定情况下，
毒品数量可按照毒品含量予以折算

在毒品案件中，毒品数量决定着被告人量刑轻重。如果毒品数量按照毒品含量折算后计算，无疑是非常有利于被告人量刑的。《中华人民共和国刑法》第三百五十七条规定，毒品的数量以查证属实的走私、贩卖、运输、制造、非法持有毒品的数量计算，不以纯度折算，但2016年实施的两部司法解释对此规定有所突破。

《最高人民法院关于办理毒品犯罪案件适用法律若干问题的解释》规定，对于国家定点企业按照标准规格生产的精神药品和麻醉药品被用于毒品犯罪的，按照毒品成分含量计算毒品数量。这类毒品包括医疗上经常使用的止咳水、美沙酮、杜冷丁、吗啡和盐酸二氢埃托啡，等等。《办理毒品犯罪案件毒品提取、扣押、称量、取样和送检程序若干问题的规定》第十六条对这类毒品范围的规定有所扩大，包装完好、标识清晰完整的精神药品、麻醉药品制剂，可以按照其包装、标识或者说明书上标注的精神药品、麻醉药品成分的含量计算全部毒品的质量。

笔者认为，这类毒品包括国（境）外有资质的厂家按照当地标准规格生产的药品。制剂从医学上按照不同标准分类可以分出很多种剂型，常见的有片剂、针剂、胶囊剂、乳剂、喷雾剂、滴剂，等等。这些本来是药厂按照标准规格生产的药品，用于预防、治疗人的疾病，有目的地调节人的生理机能，规定有适应症或者功能主治、用法和用量。其研制、生产、经营、使用和监督管理有严格的规定。就拿药品包装管理这个环节来说，法律规定药品包装必须按照规定印有或者贴有标签并附有说明书。标签或者说明书上必须注明药品的通用名称、成分、规格、生产企业、批准文号、产品批号、生产日期、有效期、适应症或者功能主治、用法、用量、禁忌、不良反应和注意事项等。精麻药品必须印有规定的标志。这类药品由于被国家列管，若进入毒品流通渠道被用于毒品犯罪，性质就转变为毒品了。

在傅某光走私毒品案中，① 法院审理查明，2007年12月3日下午，被告人傅某光走私美沙酮片剂入境，共计××片，均为药品密封包装方式，外包装为橙色，包装背部印有"Methadone BP Tablets 5mg"字样，共重××克。按照涉案美沙酮规格计算出美沙酮含量为××%。一审法院判决被告人傅某光犯走私毒品罪，判处有期徒刑七年，并处罚金人民币五千元。一审法院是依据2007年12月18日印发的《办理毒品犯罪案件适用法律若干问题的意见》第三条第二项关于美沙酮毒品数量标准的规定和第四项关于上述毒品品种包括盐和制剂的规定作出判决的。该司法解释明确规定美沙酮盐及美沙酮制剂按照查获的物品数量计算毒品数量，没有规定按照美沙酮成分含量计算毒品数量。②

2019年下半年，某地办案人员查获一宗走私止咳水入境案件，止咳水数量达××瓶，每瓶容量是××毫升，送检的检材均检出了可待因成分。如果按照净重计算，查获的××支止咳水净重可达××克左右。我们知道可待因和海洛因的折算比例是100∶1，即100克可待因相当于1克海洛因。如果按照涉案止咳水重量计算海洛因可达××克左右，主犯将被判无期徒刑以上刑罚。但如果按照涉案止咳水可待因含量（每5毫升含有9毫克磷酸可待因）计算出可待因数量，再折算成海洛因数量仅为××克。主犯仅能判处7年以上有期徒刑，不会高于10年；从犯可以在7年以下处罚。

作者：王红兵

---

① 参见《刑事审判案例参考》第638号。
② 但该案件如果发生在2016年7月1日之后，即《办理毒品犯罪案件毒品提取、扣押、称量、取样和送检程序若干问题的规定》实施后，按照美沙酮含量计算毒品数量，则毒品美沙酮数量不足13克，按照20∶1比例折算成海洛因不足1克，对被告人傅某光量刑不会超过1年。

从视频证据中发现辩护观点

毒品刑事案件中的视频证据通常是指抓捕视频、对疑似毒品扣押称量取样的视频、讯问视频、指认现场的视频等，这些视频是客观证据，如果发现对被告人有利的情节，将非常有利于律师辩护工作的开展。但是根据笔者有限的了解，部分律师并不重视视频证据。当然，其中一个重要原因是刑事案件的视频证据通常都比较多，且占用存储空间大，因此在检察院、法院拷贝视频证据就需要一定的时间，所以部分律师就不拷贝视频证据。

本文笔者将通过亲办的案例，说明律师必须重视视频证据，并分享查阅视频证据的经验。

在一起运输、贩卖毒品的案件中，笔者的委托人杨某是云南人，被指控从云南边境某城市邮寄了两批毒品给广东的付某。一审认定杨某其中一次邮寄毒品的证据，包括在云南某物流网点的监控视频。笔者代理二审辩护，笔者经过仔细查阅监控视频，发现确有人在物流网点邮寄物品，但是该人明显不是笔者的委托人杨某。然后，笔者将监控视频的人物截图与委托人杨某的照片，制作了对比图，提交法院。同时，在视频证据中，笔者还发现其他对被告人有利的情节。侦查人员在称量、取样时，将不同独立包装的毒品混合后进行称量，违反了《办理毒品犯罪案件毒品提取、扣押、称量、取样和送检程序若干问题的规定（公禁毒〔2016〕511号）》第十五条第一款"对两个以上包装的毒品，应当分别称量，并统一制作称量笔录，不得混合后称量"的规定。同时，通过视频证据还发现侦查人员拆开部分奶茶包装后（毒贩将毒品伪装成奶茶的包装），通过鼻子闻、手触摸的方式，断定该部分物品不是毒品，并没有提取检材送至鉴定机构鉴定。根据该视频，可以得出本案中的毒品是真假混在一起运输的,由于侦查人员在称量时混合不同独立包装疑似毒品必然导致鉴定检材也是被混合后的毒品,即使最终鉴定出了真毒品,但是无法得出混合前的每一包毒品都是真毒品的结论。

在另外一起毒品犯罪案件中,笔者的委托人陈某被指控与另外两人共同前往惠来县购买毒品,在回广州时被抓获。认定笔者的委托人陈某是出资人的证据,主要是另外两人相互印证的供述,但是笔者的委托人陈某却矢口否认,并称是另外两人串供,并提供线索称在三人刚被带到派出所时,另外两人曾被同时关押在一个房间,他们有串供的机会。笔者认为,对于委托人提供的线索,宁可信其有,不可信其无。根据笔者查阅视频证据,的确另外两人被同时关在一个房间,委托人提供的线索成立。同时,笔者还发现,本案中侦查机关附卷的一个视频证据中,讯问录像中的人并不是笔者的委托人,也不是同案人,而是另有其人,也即真实的讯问录像并未附卷。

总之,以笔者本人的办案经验,所有的视频证据,都要先快速播放过一遍,再重点查阅视频证据中的毒品查获、扣押、称量、取样的过程。同时,被告人提供了有利线索的相应视频、部分事实严重存疑的相应视频,也要重点查阅。

作者:关欣

如何从通话记录视角进行有效辩护

毒品犯罪领域的冤假错案，既包括无辜者和案外人被错拘、错捕、错诉和错判的情形，也包括本应留有余地的被追诉人被错判死刑立即执行，不应被判重的被追诉人被违法重判等诸多情形。当然，就具体个案的被追诉人是否有冤屈，只能具体个案具体分析。笔者根据自己在办理一些毒品要案过程中的所思所想，并以通话记录书证为切入点，提出自己质证观点，供业界参考、斧正。

一、关键通话记录书证何以被无视

笔者在办理诸多涉毒案件过程中发现，诸多可反证涉案毒品交易根本就不存在，或者是足以反证实际作案者另有其人的通话记录书证被"无视"了，甚至是被刻意隐匿了，进而导致冤假错案的发生。据此，笔者坚持，辩方在办案过程中应核实如下通话记录书证对对应的诸多细节性问题：

第一，被追诉人本人的通话记录书证是否在案，涉案手机号码对应的通话记录书证是否完整、齐备？

第二，涉案毒品上家或下家，以及涉案同案犯的通话记录书证是否在案？

第三，关键证人、核心证人的通话记录书证是否在案？

第四，是否所有涉案电话号码对应的通话记录书证均在案？

第五，假定公诉人对被追诉人提起五起贩卖毒品罪的指控，是否为每一起指控涉及电话号码对应的通话记录书证均在案？

显然，关键通话记录不在案，关键同案犯通话记录不在案，关键证人的通话记录不在案，部分犯罪事实涉及的通话记录不在案，部分涉案电话号码对应的通话记录不在案,都会导致案件事实不清,证据不足。在某涉毒案件中,笔者复核论证之后发现,办案人员确实提供了数百页的通话记录,但办案人员根本就无法指出哪一次通话记录与涉案犯罪行为有关,哪一个号码是涉案毒品上家或涉案毒品下家的涉毒手机号码,以及哪些通话记录可证实涉毒疑犯指示、安排其雇请的涉毒人员实施涉案的毒品犯罪行为。据此,笔者始终坚持,在案通话记录书证恰好证明涉毒疑犯本人是无辜者、案外人。

二、关键书证与涉毒行为"关联"与否

一般而言,毒品犯罪案件最重要的涉案行为包括购买毒品、交付或接收毒品、运输毒品、保管毒品、出售毒品、走私毒品等重要涉毒行为。在多人牵涉其中的重大复杂案件中,与重要涉案行为直接相关的通话记录往往是认定被追诉人口供、关键证人证言是否属实的关键证据。因此,审核重要案件事实、核心行为发生时对应的通话记录书证便是辩方质证的重点所在。具体分析如下:

第一,核实在案的通话记录书证,能否证实案发时间与被追诉人口供所述的案发时间吻合。例如,被追诉人密谋交易毒品的时间,是否有相应的通话记录可印证。被追诉人口供所述的走私毒品出境时间,是否有行为人与送货司机之间的通话记录来佐证。

第二,核实被追诉人口供涉及的联系毒品上家的时间,向毒品上家支付毒资、接收上家交付的毒品、运输毒品、保管毒品、将涉案毒品交付给毒品下家的时间,被追诉人联系毒品下家的时间,是否与在案的通话记录书证相互印证。

第三,核实异常事件的案发时间,是否有相应的通话记录书证予以佐证。例如,被追诉人口供中提到,其曾与国外的毒品上家有通话记录,对此,辩方应核实行为人通话记录中是否有国际电话的通话记录;被追诉人陈述其于2014年10月期间从下家处收到××万元的毒资,对此,辩方应核实下家支付毒资前,被追诉人与毒品下家之间是否相应的通话记录,以核实其通过银行转账方式支付毒资的事实是否客观存在。

第四，核实被追诉人与涉案毒品上家、下家之间的毒品交易频繁程度、交易次数多寡、与在案通话记录次数的多寡是否吻合；否则，侦查人员应核实被追诉人是否通过其他联系方式进行有效沟通交易毒品的相关事宜。

因此，核实重要案件事实涉及的通话记录书证与被追诉人认罪口供内容或合理辩解内容是否吻合，核实在案证据链是否严密，能否得出具有排他性的唯一结论，直接关系到被追诉人涉案行为的罪与非罪，以及应否对其作出死立刑的裁决。

三、通话记录背后的诸多玄机

在司法实务中，我们也经常看到侦控人员对在案通话记录书证的不同处理方式。办案人员是否勤勉、尽职，是否做到不枉不纵，是否存在"应取、能取却蓄意不取证"的情形，辩方只要认真审核在案通话记录书证是可以发现一些异常的情形。具体分析如下：

第一，涉案侦控人员仅是调取涉案电话对应的通话记录，但没有作出任何技术处理，如标明关键的通话记录，更没有对此作出任何说明，导致涉案通话记录与控方指控的犯罪事实是否有关联性存疑，导致在案通话记录是否有证明力或证明力大小存疑。

第二，涉案侦控人员对涉案的部分通话记录划出下划线，但没有任何文字说明，有时会让辩方无法判断该通话记录具体与哪位被追诉人有关，与哪一起犯罪事实有关，进而导致该通话记录书证是否证明力或证明力大小存疑。

第三，涉案侦控人员对在案的通话记录书证进行了相应的技术处理，如在涉案的通话记录书证中划出红线，标明被追诉人哪一次通话记录与控方指控有关，标明哪一个号码是毒品上家的号码，哪一个号码是毒品下家的号码，哪一个号码是被追诉人号码，让辩方和审案法官一目了然。

第四，让涉案的被追诉人、同案犯或涉案证人辨认涉案的通话记录书证，并制作相应的通话记录辨认笔录，确认具体通话记录对应的犯罪事实，进而明确该通话记录书证的确切证明内容。

第五，办案人员及辩方均应核实通话记录书证与在案的被追诉人口供、关键证人的证言是否相互印证,是否形成完整的证据锁链,核实被追诉人认罪口供内容真实性,核实关键证人证言的真实性,进而判断被追诉人涉案行为是否构成犯罪。

对此,毒辩律师在办案过程中,只要认真研读在案卷宗,不断地思考在案通话记录书证存在的问题,必然会不断提到自己的质证能力和辩护能力。

四、在案通话记录是关键无罪证据

第一,在司法实务中,就通话记录书证而言,最常见情形是关键的通话记录书证缺失,直接导致案件证据链不完整,案件存疑,无法得出具有唯一性、排他性的有罪结论。

第二,在案的通话记录书证,有时会恰好证明被追诉人认罪口供内容有假,恰好证明被追诉人涉案行为不构成犯罪,恰好证明相关案件不能单凭言词证据就可以定案,恰好证明涉案侦查人员存在隐匿案件事实,蓄意伪造不实证据的重大嫌疑。

第三,在一般情形下,通话记录书证的证明力高于被追诉人的认罪口供的证明力与在案证人证言的证明力。在此前提下,涉案的通话记录书证是否完整,相应证明力的大小,有时直接关系到被追诉人最终能否保住其人头,以及其涉案行为是否构成犯罪。这就是笔者需要重视对通话记录书证将进行有效质证的原因所在。

因此,笔者始终认为,通话记录书证是毒品案件证据体系的重要一环,是毒品命案证据体系的关键一环。因此,通话记录书证是否在案、是否完整,侦控机关是否作出完备的技术处理和文字说明,是否穷尽相应的举证责任,直接关系到被追诉人涉案行为的罪与非罪、轻罪与重罪,以及最终能否保住性命等。毒辩无小事,任何毒辩律师都应勤勉、尽职,以实现被追诉人合法权益的最大化。

作者:黄坚明

当场查获毒品，如何判断"主观明知"

对于当场查获毒品的案件，"主观明知"是重点审查的要素之一。由于毒品犯罪的隐蔽性，如何准确认定这一点却非常复杂。

最高法、最高检、公安部《关于办理毒品犯罪案件适用法律若干问题的意见》就行为人的主观明知规定了 8 种可以认定为"应当知道"的情形。最高法《全国部分法院审理毒品案件工作座谈会纪要》中又把可以认定为"应当知道"的情形扩展至 10 种。

结合上述规定及多个裁判案例，可从以下几个方面推定主观明知。

一、每次送背包，对方都要将其手机收走——不符合交接物品惯常方式

案例 1：李某某走私、贩卖、运输、制造毒品案

2019 年 12 月 11 日，李某某因涉嫌运输毒品罪被刑事拘留。

云南省西双版纳傣族自治州中级人民法院于 2020 年 6 月 29 日作出刑事判决认定，2019 年 12 月 11 日，被告人李某某携带藏有毒品的背包乘坐一辆散客车自云南省景洪市前往昆明市。同日 10 时许，行至景洪市思小高速公路关坪查缉点时遇公开查缉，公安人员现场从被告人李某某携带的红色背包夹层内查获毒品甲基苯丙胺片剂共计净重××克，云南省西双版纳傣族自治州中级人民法院以运输毒品罪判处被告人李某某有期徒刑 15 年，并处没收个人财产人民币××元。

李某某上诉辩称，其到云南是为"埃及老板"做翻译，装有毒品的背包是"埃及老板"让其帮忙带的，其不知道包内藏有毒品，李某某供述中所称××元报酬是翻译报酬而非运毒报酬，原判认定其主观上明知是毒品从而构

成运输毒品罪的证据不足，请求对其宣告无罪。

【裁判要旨】

根据李某某供述，其此次到云南当翻译，"埃及老板"会给他××元报酬，但要等其把包送到昆明，回到深圳后再付款。在2018年间，其从深圳帮"埃及老板"分别送过3次包到中山、广州、惠州，每次送的包都和这次的类似，且每次送包的时候"埃及老板"都要将其手机收走，然后给其另一部手机使用，包送到地方后，"埃及老板"会推送一个微信号给李某，由其联系接包的人。送包完成后，其又找"埃及老板"交换手机。李某某拿到包后进行过检查，还用手搓过，但没有发现什么。其与"埃及老板"是朋友关系，该人是做医疗器材生意的，李某某只知道该人在国外使用的电话号码，不知道国内使用的电话号码。故从李某某供述的内容看，其多次采用违反正常物品交接的惯常方式交接物品，且对所涉物品的违法性具有高度认知，结合其文化程度、社会阅历以及对其行为性质的辨识能力，其所作辩解不能成立。

二、累犯再犯无固定收入，频繁乘坐飞机、收支巨大——不符合其正常经济能力

案例2：朱某某、孟某某走私、贩卖、运输、制造毒品案

上诉人朱某某2019年7月19日因涉嫌犯运输毒品罪被刑事拘留。同案人孟某某。

新疆维吾尔自治区乌鲁木齐市中级人民法院于2020年6月12日作出（2020）新01刑初22号刑事判决认定，2019年7月16日，被告人朱某某乘坐飞机，被告人孟某某乘坐火车，二人分别从乌鲁木齐市前往西安市，7月17日上午，朱某某将装有毒品的纸箱带回宾馆，当日下午接孟某某一同回该宾馆。7月18日上午，孟某某外出返回时带回蓝色空纸箱，中午朱某某至宾馆前台处办理退房，孟某某提着1个蓝色纸箱和1个普通小纸箱跟随朱某某离开宾馆。二人于当日共同乘坐MU××航班返回乌鲁木齐市，在地窝堡国际机场被公安机关抓获，并从孟某某托运的蓝色纸箱中查获××袋甲基苯丙

胺，净重××克。公安机关在朱某某住处查获微型电子天平2台、天平秤1台、写有"孟某某"字样的纸箱1个。据此，公安机关认定被告人朱某某犯运输毒品罪，判处无期徒刑，剥夺政治权利终身，并处没收个人全部财产；被告人孟某某犯运输毒品罪，判处有期徒刑15年，并处没收个人财产3万元人民币。

朱某某、孟某某及其指定辩护人均提出，二人不明知纸箱内藏有毒品。乌鲁木齐市中级人民法院认定二人运输毒品的证据不足，但新疆维吾尔自治区高级人民法院审理后，裁定驳回上诉，维持原判。

【裁判要旨】

在案证据证实，涉案毒品系从朱某某带回宾馆房间并换装到被公安机关查获的蓝色纸箱内。且朱某某无固定收入，在不足6个月的时间内其银行卡里有××元的收支，其在此期间内频繁往返乌鲁木齐市与西安市，并向孟某某支付不等额报酬，结合朱某某对从其住处查获的写有"孟某某"字样的纸箱和天平秤等物品不能作出合理解释，其又系毒品再犯、累犯的事实，朱某某主观不明知的辩解明显有悖常理。孟某某明知朱某某多次为其购买飞机票、火车票让其将装有干菜、干辣皮子等食物的纸箱带回乌鲁木齐市的行为不合常理，仍短期内先后数次为朱某某带货，结合在案其他证据，应当认定孟某某对运输毒品是主观明知的。故上诉理由和辩护意见不能成立。

三、运送价值××元货物，收取××元报酬——不符合市场交易常规操作

案例3：杨某某走私、贩卖、运输、制造毒品案

云南省曲靖市中级人民法院于2020年1月17日作出刑事判决认定，2018年11月6日9时许，被告人杨某某将海洛因××克从保山市龙陵县运至昆明市盘龙区收费站出口，在等候接毒品者时被公安机关人赃俱获，以运输毒品罪判处被告人杨某某死刑，缓期二年执行，剥夺政治权利终身，并处没收全部个人财产。

杨某某不服，以其主观不明知所运物品是毒品为由提出上诉。云南省高级人民法院审理后，裁定驳回上诉，维持原判。

【裁判要旨】

为了获取××元报酬，杨某某从保山市龙陵县以××元租用一辆车，装上内有毒品的玉米袋子，为了掩饰，同时将其家中的玉米、糠、洋芋、谷子装上车，所载货物价值××元。杨某某租车的运费超过所载物品的价值，其所运送的物品并非稀奇、急需物品，其行为不符合常理，可以推断其主观明知所运物品是毒品，原判定罪准确，量刑适当。

四、帮他人运输一个行李箱获××元报酬——不符合成年人正常认知和辨认能力

案例4：邓某某走私、贩卖、运输、制造毒品案

云南省德宏傣族景颇族自治州中级人民法院于2020年3月26日作出刑事判决认定，2019年9月8日9时50分，被告人邓某某在德宏芒市机场准备乘坐NU××航班前往昆明时，民警在其托运的行李箱夹层内查获毒品海洛因××袋，净重××克，以运输毒品罪，判处被告人邓某某无期徒刑，剥夺政治权利终身，并处没收个人全部财产。

邓某某提出上诉，称其受"哇哥"和"小胖"的邀约和指使帮他们带箱子，其不知携带的箱子内藏有毒品。

【裁判要旨】

邓某某供称其为获取××元人民币的好处费，帮他人带行李箱到昆明，其怀疑过行李箱里有违禁品。邓某某作为一名具有正常的认知和辨认能力的成年人，应能认识到仅帮他人运输一个行李箱就可获得××元人民币高额报酬的行为明显有违常理，足以推定其主观明知是毒品而运输。本案是邓某某独立运输毒品时被抓获，因"哇哥"和"小胖"信息不详，无法查证，邓某某是否受人邀约和指使，无其他证据印证，该上诉理由和辩护意见不能成立，故本案二审法院裁定驳回上诉，维持原判。

五、在境外人员的遥控指挥下住宿、坐车、定时发定位——行为方式诡秘，与正常出行不符

案例5：古某某走私、贩卖、运输、制造毒品案

云南省临沧市中级人民法院于2019年12月11日作出刑事判决认定，2019年5月22日，被告人古某某携带毒品从沧源佤族自治县乘坐卧铺车前往昆明市，当日17时55分，途经河底岗边境检查站时被执勤人员抓获，当场从其携带的黑色行李箱底部夹层内查获毒品海洛因××块，净重××克，以运输毒品罪，判处古某某无期徒刑，剥夺政治权利终身，并处没收个人全部财产。

古某某提出上诉称，其刚毕业进入社会时间短，没有接触过毒品，缺乏对毒品和社会复杂关系的辨别力，案发当天是其乘坐客车正常出行，主观上并不明知所携带的行李箱内藏匿毒品，请求二审撤销原判。

【裁判要旨】

案涉毒品系从古某某携带的行李箱底部夹层内查获，毒品采用高度隐秘方式伪装，古某某解释系境外人员让其探路掩人耳目而携带一个行李箱，带到昆明客运北站后就可以丢弃，该辩解与常理不符；且古某某供述其在境外期间，已经知道境外人员是做毒品交易的，古某某一直在境外人员的遥控指挥下住宿、乘坐客车、定时发定位，其行为方式诡秘，与正常出行不符；在遇到边境检查站检查时，古某某没有主动告知其所携带的行李箱是帮他人携带。古某某的行为属采用高度隐蔽方式携带、运输毒品，且不能作出合理解释，依法认定其主观明知而运输毒品，故裁定驳回上诉，维持原判。

六、绕道，中途租赁、更换当地牌照车辆行驶——无故换车，行为异常

案例6：张某某、王某某走私、贩卖、运输、制造毒品案

贵州省毕节市中级人民法院2019年9月23日作出刑事判决认定，2018年7月18日上午，被告人张某某按照毒品上线的指令驾车将王某某从昆明市

送至成都市，途经贵州省毕节市威宁县时，张某某在当地另行租用并驾驶贵F牌轿车与王某某向成都市方向行驶，当日22时许途经贵州省毕节市七星关区时被民警查获，当场在王某某轿车后备箱查获粉红色行李箱一个，箱内藏有海洛因××包，总净重为××克，经鉴定，海洛因含量在××%～××%之间，以运输毒品罪，判处王某某无期徒刑，剥夺政治权利终身，并处没收个人财产人民币××元；判处张某某有期徒刑11年，并处罚金人民币××元。

宣判后，王某某服判。张某某以其不知道运输的是毒品，请求宣判其无罪为由提出上诉。

【裁判要旨】

张某某为谋取利益在雇佣者的指挥下驾车运输携带毒品的王某某前往成都，途中为避开检查站，驾车绕道行驶，按要求随时报告行车线路和地点，中途租赁、更换当地牌照车辆行驶，这些行为足以认定张某某主观明知他人运输毒品而参与运输，故本案二审法院裁定驳回上诉，维持原判。

七、收取伪造收件人姓名、地址的包裹——明显违背正常物流交接方式

案例7：汪某某、黄某某非法持有毒品案

上海市第一中级人民法院于2019年8月14日作出刑事判决认定，被告人汪某某、黄某某共同非法持有毒品海洛因××克，其行为均已构成非法持有毒品罪且数量大，鉴于二人系受人指使而接收毒品包裹，并非毒品的实际所有人，故均酌情从轻处罚，以非法持有毒品罪对被告人汪某某、黄某某均判处有期徒刑13年，剥夺政治权利4年，并处罚金人民币××元。

汪某某上诉称，是黄某某和其弟刘某某让她将快递包裹内的粉末状物品拆分，其不明知是毒品。

黄某某上诉称，其到上海的目的是让汪某某帮忙找工作，其仅为汪某某取了快递，并不知道包裹内的物品是毒品。

【裁判要旨】

本案涉案毒品是通过邮寄的方式被送到上海，汪某某、黄某某受他人指使，进入超市接收一寄件地址为云南省××市、收件人为"刘某某"的装有毒品的快递，汪某某将毒品带至他人住处进行拆分。二人收取隐匿寄件人姓名、伪造收件人姓名和地址、电话的包裹的行为，以及二人交接物品的方式，明显违背常理。汪某某对属于他人的包裹予以拆分，也不能作出合理解释。根据汪某某、黄某某收取涉案快递包裹的过程、方式以及毒品被查获时的情形，结合两名上诉人的年龄、阅历等情况，可以认定汪某某、黄某某对于包裹内物品为毒品具有主观明知，故本案二审法院裁定驳回上诉，维持原判。

八、再犯遇盘查试图驾车逃跑——抗拒检查，"做贼心虚"

案例8：张某某、吴某某走私、贩卖、运输、制造毒品案

河北省沧州市中级人民法院于2019年6月17日作出刑事判决认定，2018年7月3日1时许，被告人张某某在湖北省孝感市一酒店从他人处拿到毒品后，与吴某某一同驾驶汽车返回辽宁省大石桥市。张某某将毒品藏匿于汽车副驾驶脚垫下方。当日9时30分许，在途经京沪高速青县检查站时，被执勤民警带到检查站复检区停车检查，吴某某欲行贿被拒后，启动汽车企图逃跑，因操作失误，汽车未能开动。民警在车上查获甲基苯丙胺××克，以运输毒品罪，判处被告人张某某无期徒刑，剥夺政治权利终身，并处没收个人全部财产；判处被告人吴某某无期徒刑，剥夺政治权利终身，并处没收个人全部财产。

吴某某以不知道张某某返回时捎带了毒品为由上诉，应改判其无罪。

【裁判要旨】

吴某某辩称驾车去湖北省孝感市仅是陪张某某去要账，但对于为何在没有要到钱的情况下二人连夜返回辽宁省则无法作出合理解释；吴某某在青县检查站接受检查前，主动拿出现金请求检查人员对其关照，且试图逃跑，在案证据足以认定其对所驾汽车内藏有毒品主观上明知,故本案二审法院裁定驳回上诉,维持原判。

对主观明知的判断是办理毒品犯罪案件的疑难问题之一,但在某种意义上,这种困难也给辩护提供了空间,学习生效裁判可以为办案提供思路。

作者:洪树涌　刘玉霞

毒品居间介绍行为的认定

毒品交易是典型的买卖对合犯罪，在毒品交易中，除了常见的多层级的上下家，还存在着形形色色的"中间人"，他们有的是负责牵线的"居间人"，有的是从中"抽水"的倒卖者，有的则是代购代售的"代理人"。今天我们就来谈谈毒品犯罪的居间介绍人。

一、居间介绍行为的界定

居间介绍，本质上是牵线搭桥，即在贩毒者与购毒者之间介绍联络、传递信息，甚至促成交易。2008年最高人民法院印发《全国部分法院审理毒品犯罪案件工作座谈会纪要》，从行为人主观上是否明知他人实施毒品犯罪、是否牟利两点入手界定此种行为："明知他人实施毒品犯罪而为其居间介绍、代购代卖的，无论是否牟利，都应以相关毒品犯罪的共犯论处。"但是，因毒品交易的隐蔽性等原因，实务中常常难以准确区分居间介绍买卖毒品与贩卖毒品的行为。如今，我们更多是以2015年最高人民法院院印发的《全国法院毒品犯罪审判工作座谈会纪要》中的"共同犯罪认定问题"的相关规定为标准来区分居间介绍买卖毒品与别的毒品犯罪行为。

1. 从作用来看

居间介绍人在毒品交易过程中多起联络牵线的辅助性作用，而并不决定毒品交易的种类、数量、价格、方式等关键性问题，对于交易的发起和达成不具有决定性的作用。

2. 从地位来看

不同于频繁转换角色、将毒品转手抽成的居中倒卖人，居间介绍人并不实际参与毒品交易，他们既不是卖家，也不是买家，仅是作为媒介或平台来联通贩毒者与购毒者，因而居间介绍人不具有毒品交易的独立主体地位。

3. 从牟利来看

区别于居中倒卖人以赚取差价、截留部分毒品等方式牟利的特点，居间介绍人极少从中牟利，最多也就是领取酬劳（非必须），可以说，牟利并不是居间介绍的要件。

二、居间介绍可能构成的犯罪

居间介绍买卖毒品的行为算不算帮助贩毒者贩卖毒品的行为呢？在什么情况下，居间介绍行为可能触犯刑法？《全国法院毒品犯罪审判工作座谈会纪要》曾作出如下规定：

1. 居间介绍者受贩毒者委托，为其介绍联络购毒者的，与贩毒者构成贩卖毒品罪的共同犯罪。即居间介绍者明知贩毒者有贩卖毒品的主观意图，还为其提供帮助寻找买家，其行为本质上就是帮助贩卖毒品，此时犯罪共谋存在于居间介绍者与贩毒者之间，居间介绍者与贩毒者构成贩卖毒品罪的共同犯罪。

2. 居家介绍者明知购毒者以贩卖为目的购买毒品，仍为其介绍联络贩毒者的，与购毒者构成贩卖毒品罪的共同犯罪。即居间介绍者明知购毒者购买毒品是用于贩卖，客观上还为其联络贩毒者，其行为本质上也是帮助贩毒，此时犯罪共谋存在于居间介绍者与购毒者之间，居间介绍者与购毒者构成贩卖毒品罪的共同犯罪。

3. 居间介绍者受以吸食为目的的购毒者委托，为其介绍、联络贩毒者，毒品数量达到《中华人民共和国刑法》第三百四十八条规定的最低数量标准的，一般与购毒者构成非法持有毒品罪的共同犯罪。根据《全国法院毒品犯罪审判工作座谈会纪要》的精神，居间介绍者知道购毒者买毒品是用于自己吸食而为其联络贩毒者的，只要毒品数量低于《中华人民共和国刑法》第三百四十八条规定的最低数量标准的，则其居间介绍行为并不构成犯罪。反之，居间介绍者知道购毒者买毒品是用于自己吸食而为其联络贩毒者的，一旦数量达到《中华人民共和国刑法》第三百四十八条规定的最低数量标准的,那么居间介绍人可能与购毒者构成非法持有毒品罪的共同犯罪。

4. 同时与贩毒者、购毒者共谋,联络促成双方交易的,同样认定与贩毒者构成贩卖毒品罪的共同犯罪。即居间介绍者与贩毒者、购毒者都有犯罪共谋时,以法律着重惩罚的贩卖毒品行为为准,认定居间介绍者与贩毒者构成贩卖毒品罪的共同犯罪。

总而言之,居间介绍者受哪一方交易主体委托,与哪一方存在犯罪共谋,并有更加积极、密切的联络交易行为,就认定其与哪一方构成共同犯罪。由此可知,我国法律承认居间介绍行为具有依附性,其行为定性在很大程度上受贩毒者或购毒者的犯意、犯罪行为的影响,而不具有独立的犯罪地位。

没有直接参与毒品交易的"居间"行为并不是法外漏网之鱼,如若损害法益、触犯到刑法的高压线,行为人断然是逃不过法律的制裁的。其实,居间介绍行为与居中倒卖行为仅有一线之隔,可一旦从居间介绍行为逾越至居中倒卖行为,当事人所要承担的法律责任却重得多,而这狭小模糊的边界往往极容易被忽视。

作者:洪树涌

居间介绍买卖毒品与毒品代购的区分

居间介绍买卖毒品，通常是指行为人为毒品交易双方提供交易信息、介绍交易对象、协调交易价格和数量，或者提供其他帮助，促成毒品交易的行为。居间介绍买卖毒品的居间介绍者在毒品交易过程中的地位较为特殊。虽然在司法实践中对居间介绍者通常按照毒品交易中的贩毒者或购买毒品者一方的共同犯罪人处理，但不能将对其的处理方式等同于其所处地位。

居间介绍者既不是贩毒和购买毒品的主体，也不是毒品交易双方的代理人，而是发挥媒介作用的中间人，其所处的地位与贩毒者及购买毒品者均不同，犯罪方式也较为特定。居间介绍者通常在毒品交易中的贩毒者与购买毒品者之间牵线搭桥，实施促成毒品交易的帮助行为，居间介绍者对毒品并无所有权。居间介绍者在毒品交易中获取利益，其获取的利益不是赚取低价买入再高价卖出的差价，而是因为其促成了毒品交易而收取的贩毒者或购买毒品者的"居间费"。

为他人代购毒品与居间介绍买卖毒品从行为的表现方式来说，两者存在着较多的相似之处，都是广义上的毒品交易行为。2008年《全国部分法院审理毒品犯罪案件工作座谈会纪要》对这两类行为的定性大致是相同的。笔者认为，鉴于在司法实践中居间介绍买卖毒品行为与为他人代购毒品行为的认定亦存在模糊认识，应当从以下三个方面进行区分。

一、表现方式不同

居间介绍买卖毒品主要是为毒品交易双方提供交易信息，为贩毒者联络买家或者为毒品买家联络贩毒者，帮助毒品交易双方商谈毒资、协助其见面商谈等。因此，居间介绍者通常不会直接参与毒品交易活动，也不会直接持有所交易的毒品，更不会运输所交易的毒品，而是充当着贩毒者和买家之间的"沟通桥梁"。

毒品代购，是指代购人接受毒品托购人的委托或按毒品托购人的指示为其向贩毒者购买毒品的行为。这一行为方式决定了代购者必然直接持有毒品，故而往往伴随着运输毒品的行为。毒品代购者直接接触毒品卖家、买家，是毒品交易中的积极参与主体。

二、牟利方式不同

居间介绍买卖毒品的居间介绍者一般从居间行为中牟利，但这一行为获取的利益不是赚取毒品交易中的差价，而是其促成毒品交易的"居间费"。但无论牟取利益与否都应按照贩卖毒品罪惩处，因为其与贩毒者在毒品交易中仅仅是分工不同而已，即便其未获取任何利益，也依然应按贩卖毒品罪的共犯处理。

为他人代购毒品者，其牟利与否则影响着其行为的性质。为他人代购毒品时，代购者从中牟利的，其主观目的并不是帮助毒品吸食者购买毒品而是变相加价贩卖毒品，应以贩卖毒品罪定罪处罚；如果代购者没有从中牟利，毒品数量达到较大以上的，对代购者应以非法持有毒品罪定罪处罚。

三、交易双方间的关系不同

居间介绍买卖毒品的，贩毒者与购买毒品者之间事先并无直接联系，而是由居间介绍者介绍双方认识、协商交易事宜。而在毒品代购行为中，托购人与贩毒者之间可能事先存在联系。如果代购者到托购者指定的卖家去购买毒品，托购人与贩毒者之间事先可能存在联系；如果托购者未指定卖家，或没有购买途径，由代购者自行为托购者寻找毒品来源的，托购者与贩毒者之间一般事先无联系。

案例：

2013年10月，吸毒人员王某打电话给李某，让其帮忙联系购买人民币

××元的氯胺酮（俗称 K 粉），李某为其联系到量某。在量某的帮助下，龙某于当晚收取人民币××元，向王某贩卖了氯胺酮××克。几日后，王某再次委托李某帮忙联系购买人民币××元的氯胺酮，李某联系到风某。风某携带约××克氯胺酮与王某交易时，二人被公安民警抓获。

本案中，居间介绍者李某受吸毒人员王某的委托，为其介绍贩毒人员，该行为在客观上虽然帮助了贩毒人员实施贩卖活动，符合贩卖毒品罪的部分特征，但其主观上并没有帮助贩毒人员贩毒的故意，主客观不一致，不应对居间介绍者李某以贩卖毒品罪的共犯论处。

在实践中，居间介绍买卖毒品的表现形式还可以细分为以下几种：

1. 居间介绍者明知购毒人员是为了贩毒而购买毒品，而为其介绍贩毒人员的，应当以贩卖毒品罪定罪处罚。因为居间介绍者主观上明知购毒人员是为了贩卖毒品而进行购买，依然在客观上为其介绍贩毒人员，此时的居间介绍行为是贩毒行为的重要组成部分，应以贩卖毒品罪定罪处罚。但是如果居间介绍者不知道买毒人员是以贩卖毒品为目的，只是知道购买者以吸食为目的，而为其牵线搭桥，居间介绍者没有帮助他人贩卖毒品的故意，不构成犯罪。

2. 居间介绍者为贩毒人员介绍购买毒品者，应当以贩卖毒品罪定罪处罚。因为居间介绍者是为了帮助贩毒人员贩卖毒品，主观上具有帮助贩毒人员贩卖毒品的故意，客观上实施了介绍的帮助行为，其行为足以认定为贩卖毒品罪。

3. 居间介绍者相对独立，既为贩毒人员介绍买家、也为购毒人员介绍卖家的，亦应当认定为贩卖毒品罪。因为居间介绍者在毒品买卖双方间牵线搭桥，在帮助购毒人员的同时也帮助了贩毒人员，而且居间介绍者对此主观上是明知的，且积极希望毒品买卖双方之间的交易能够完成，其行为符合贩卖毒品罪的构成要件。只要买卖双方的任何一方构成犯罪，无论居间介绍者是否牟利，对其都应当以贩卖毒品罪的共犯论处。

作者：洪树涌

毒品代购行为的罪名分析

关于毒品代购，2008年最高人民法院公布《全国部分法院审理毒品犯罪案件工作座谈会纪要》（法〔2008〕324号）对毒品代购行为进行规定，指出代购者从中牟利，变相加价以贩卖毒品罪定罪。为解决办案实践中对牟利的争议，2015年最高人民法院公布《全国法院毒品犯罪审判工作座谈会纪要》（法〔2015〕129号）对牟利作了进一步解释：行为人为他人代购仅用于吸食的毒品，在交通、食宿等必要开销之外收取"介绍费""劳务费"，或以贩卖为目的收取部分毒品作为酬劳的，应视为从中牟利。

对于毒品代购行为，如果采用"一刀切"的方式予以认定，会造成对毒品犯罪的打击范围过大，违背刑法的谦抑性和立法初衷。对此，我们应当具体问题具体分析，对代购毒品行为的出罪空间进行合理合法的限制。在司法实践中，毒品代购所涉及的罪名主要有三个，即贩卖毒品罪、非法持有毒品罪和运输毒品罪。

一、贩卖毒品罪

贩卖毒品罪是指自然人或单位故意贩卖毒品的行为。毒品代购行为要构成贩卖毒品罪，必须与该罪犯罪构成相符合，主观上有贩毒的故意，客观上实施了贩毒的行为。即毒品代购行为人主观上有贩卖毒品的故意，明知自己正在贩卖受国家严格禁止的毒品，至于毒品的种类、成分、效用等具体属性不要求其准确掌握；客观上实施了从代购行为中牟利、变相加价的获利行为。例如，毒品代购行为人代替他人购买毒品，主观方面是为了从中牟利，在客观上获得了一定的利益，以贩卖毒品罪定罪处罚。毒品代购行为人给托购者代购毒品，在明知托购者委托其代购毒品是为了进行贩卖的，却仍然给托购者购买毒品，无论代购者给托购者购买了多少数量的毒品，都应以贩卖毒品罪的共犯论处。毒品代购行为人给吸毒者代购毒品，将毒品本身作为报酬的，实际上是一种获利行为，也构成贩卖毒品罪。

案例1：重庆市渝中区人民法院刑事审判案例

2017年6月1日晚，张某收取蒋某××元现金后为其代购毒品，在重庆市渝中区急救中心住院部门口，张某将代购的海洛因××克交予蒋某，收取好处费××元。交易完成后，张某被公安民警当场捉获，查获全部毒品毒资。被告人张某到案后如实供述了上述事实。

本案中，被告人张某主观上为了获利而帮助托购者代购毒品，在客观上实施了为托购者代购毒品的行为，并赚取差价从中获利，符合贩卖毒品罪的构成要件，构成贩卖毒品罪。

二、非法持有毒品罪

非法持有毒品罪，是指行为人明知是毒品仍非法持有，且毒品数量较大的行为。毒品代购人构成非法持有毒品罪一般是从属于托购人的行为，即与托购人构成该罪的共犯。在主观方面，行为人知道自己持有的是毒品，不需要精确知道毒品的品种、纯度等内容。这里的"知道"，既包括知道，也包括应当知道。在客观方面，行为人实施了非法持有毒品的行为，且持有数量较大。这里的持有是一种事实上的占有、支配，常见的是随身携带或置于家中隐秘处，但实质上并不需要行为人时刻将毒品带在身边，只要毒品处在其控制之下即可。此外，行为人并不一定是毒品的所有者，也可以是毒品的保管者，此时所有者间接控制毒品，保管者直接控制毒品，两者均构成对毒品的持有。代购毒品者代替他人购买毒品，即便不存在获利，但是其所代购的毒品达到了法定构罪的标准，这种情况一般也会构成非法持有毒品罪。

案例2：怀化市中级人民法院刑事审判案例

被告人彭某曾帮吸毒人员韩某等人代为购买过毒品冰毒、麻古。2012年7月6日早上，吸毒人员韩某经电话联系要求被告人彭某帮忙购买××克毒品冰毒。彭某买好毒品后，于当日 10 时许准备在怀化市邮政局家属区将毒品交付给黄某时被警方当场抓获。警方从彭某身上查获冰毒××克，除了要交给黄某的部分，剩余部分供自己吸食。被告人彭某帮吸毒人员韩某等人购买毒品没有牟利。

依据《全国部分法院审理毒品犯罪案件工作座谈会纪要》的规定，有证据证明行为人不以牟利为目的，为他人代购仅用于吸食的毒品，毒品数量超过《中华人民共和国刑法》第三百四十八条规定的最低数量标准的，对托购者、代购者应以非法持有毒品罪定罪。本案中，被告人彭某虽然没有从代购毒品中牟利的主观心理，且实际中也未获利，但其持有的冰毒的数量达到了法律规定的 10 克以上 50 克以下的构罪标准，因此，被告人彭某构成非法持有毒品罪。

三、运输毒品罪

根据《全国法院毒品犯罪审判工作座谈会纪要》的规定可知，代购毒品行为人接受他人委托代购毒品后，在交付毒品的途中被民警查获，查获的毒品数量经称重鉴定达到了法定的构罪标准，并且司法机关没有证据可以证明代购者是为了从事其他犯罪而转移毒品，那么应当以运输毒品罪的共犯对毒品代购行为人和托购者进行定罪。

但笔者认为，应当区分不同情形看待吸毒者的行为。当毒品代购行为人代购较大数量的毒品且在运输过程中被查获时，如果无法查证其主观目的，应当认定其行为构成非法持有毒品罪；有证据可以证明其具有贩卖毒品等犯罪目的时，才能认定其行为构成运输毒品罪。

案例3：白银市白银区人民法院刑事审判案例

白银籍男子李某经朋友胡某介绍认识被告人张某。2018 年 1 月 9 日，李某欲购买毒品通过胡某联系到被告人张某，由张某为李某代购冰毒××克，李某向张某银行卡打款××元。同年 1 月 10 日，张某携带毒品从兰州到白银，在白银区太明楼商务宾馆 209 房间卫生间向李某交付毒品的过程中，被警察当场抓获，并当场查获净重毒品××克和毒资××元。经鉴定，从毒中检出甲基苯丙胺成分。

本案中，被告人张某受李某委托，帮助李某代购毒品。张某代购毒品的数量较大，且是在转运毒品过程中被警方当场抓获，是典型的运输毒品的行为，构成运输毒品罪。

四、不构成犯罪

1. 当托购人与毒品卖家已经就毒品交易的价格、数量、交易地点谈妥时，如果代购者仅是协助托购人取回毒品，此时的代购者客观上没有实施转让毒品从中牟利的行为，社会危害性小，不应以犯罪论处。

2. 当毒品代购行为人与托购人具有特殊的社会关系时，如亲戚或好友关系，代购者不忍心看到托购人毒瘾发作时的痛苦状态，出于同情而为托购人购买毒品以缓解痛苦。此时代购者主观上不具有贩卖毒品的故意，客观上亦没有实施有偿转让毒品的行为，因此也不应以犯罪论述，不需要诉诸刑法。

当然，毒品代购行为不构成犯罪并不意味着不需要处罚，应依照《中华人民共和国治安管理法》《中华人民共和国禁毒法》等相关法律之规定应对其进行相应的行政处罚。

作者：洪树涌

代购毒品是否构成犯罪

代购毒品,是指行为人接受吸毒者的委托,为吸毒者无偿代为购买毒品的行为,其本质上是一种委托代理行为。生活中的代购行为比比皆是,然而毒品犯罪中的代购行为在认定上有其特殊之处,在处理上也应与代购者自行购买、运输的处理保持衔接,这就需要我们对毒品代购行为加以细致分析、讨论。

问题一:毒品代购如何认定?

日常生活中的"代购"一词多指托购者委托代购者购买某种商品的行为,在代购过程中,托购者往往较少对购买地点或卖家进行限定,最多具体限定到品牌、材质、产地等。然而毒品犯罪中的代购却并没有详细规范加以界定,从而导致审判工作的困难。2018年3月,浙江省率先印发《关于办理毒品案件中代购毒品有关问题的会议纪要》,将代购毒品行为限定于两种情况:吸毒者与毒品卖家联系后委托代购者前去购买仅用于吸食的毒品;或者虽未联系但委托代购者到其指定的毒品卖家处购买仅用于吸食的毒品,且代购者未从中牟利的行为。由此,我们可以提炼出浙江省对于代购毒品行为界定的三个关键点为指定卖家、仅用于吸毒者自己吸食、代购人无牟利。

问题二:毒品代购行为可能构成触犯哪些罪名?

2015年最高人民法院印发的《全国法院毒品犯罪审判工作座谈会议纪要》(以下简称《武汉会议纪要》)对代购毒品行为作出了规定,行为人为吸毒者代购毒品,在运输过程中被查获,没有证据证明托购者、代购者是为了实施贩卖毒品等其他犯罪，毒品数量达到较大以上的，对托购者、代购者以运输毒品罪的共犯论处。下面我们对这条规定中包含的多种情况展开来详细分析。

1. 代购者在运输过程中被查获，其代购的毒品仅用于吸毒者自行吸食，且毒品数量没有达到较大标准的，对托购者、代购者不应定罪处罚。这是因为在我国吸毒不构成犯罪，对于吸毒者自行运输或购买毒品的行为不应认定为犯罪，则为吸毒人员运输或者代购仅用于吸食的毒品的行为也应与吸毒者自购、自行运输的处理保持平衡。

2. 代购者在运输过程中被查获，若有证据证明代购者、托购者实施的是走私、贩卖毒品等其他犯罪的，即使毒品数量没有达到较大标准，也应依法以其所犯罪名来定罪处罚。比如，代购者明知托购者用于贩卖毒品，仍然为其代购的，即使毒品数量没达到较大标准，代购者与托购者都应认定构成贩卖毒品罪。

3. 代购者在运输过程中被查获，其代购的毒品仅用于吸毒者自行吸食，且毒品数量达到较大标准的，对托购者、代购者以运输毒品罪来定罪处罚。因为吸毒不构成犯罪，现场查获毒品数量较大即意味着毒品用途存在不确定性，即使托购者是吸毒人员，也无法保证毒品均用于吸食，因而在运输毒品数量较大的情况下认定运输毒品罪处罚较为公正合理。要注意的是，这条规定中的运输通常指跨城市的长途运输毒品。若托购者、代购者为了自行吸食，实施同城间的短距离运输行为，即使毒品数量较大，也不认定为运输毒品罪，而应认定为非法持有毒品罪。

4. 代购人明知他人贩卖毒品仍为其代购毒品的，不论是否牟利，代购人均构成贩卖毒品罪。此种情形符合《全国部分法院审理毒品犯罪案件工作座谈会纪要》（以下简称《大连会议纪要》）的规定，"代购人明知他人实施毒品犯罪而为其代购代卖的，无论是否牟利，都应以相关毒品犯罪的共犯论处"。

5. 代购者在运输毒品过程中被查获，有证据证明托购者不仅仅将毒品用于吸食，还用于贩卖或者实施其他犯罪，而代购者不知情，以为其所代购毒品皆用于吸食，对托购者应以贩卖、运输毒品罪论处，对代购者仅认定为运输毒品罪，两者在运输毒品罪的范围内构成共同犯罪。这条规定无所谓毒品数量多少，因为刑法惩罚的是运输、贩卖毒品的行为，只要触犯的是运输毒品罪或贩卖毒品罪，无论数量大小，均应依法定罪量刑。

6. 代购者被抓获，其所代购的毒品数量达到较大标准，但有证据证明毒品均被吸食完毕，而非用于贩卖、走私，则对托购者、代购者不应追究其刑事责任。如上文所述，现场查获毒品即代表毒品用途存在不确定性，因而通常会被认定为运输毒品罪。而在查清毒品确已被吸食完毕的情况下，其用于其他用途的可能性为零，而且个人吸毒行为不触犯刑法，即使毒品数量较大，也不应当追究行为人的刑事责任。

7. 代购者被抓获，其代购的毒品数量达到较大标准，没有证据证明毒品用于贩卖、走私的，对托购者、代购者只能以非法持有毒品罪追究其刑事责任。

问题三：对代购毒品中的牟利行为如何认定？

通过上述7种情况可知，代购者在明知代购毒品用于实施其他犯罪的情况下仍为托购者实施代购行为的，代购者构成贩卖毒品罪或走私、运输毒品罪。除此之外，还有一种情况有可能使代购者构成贩卖毒品罪，即代购者从中牟利的情况。当代购者在代购毒品中牟利，其行为性质就从单纯的代购行为转变成贩卖行为了。

2008年《大连会议纪要》，强调了从代购人是否以牟利为目的、是否明知所购毒品是用于贩卖或吸食这两个标准来断定是否构成贩卖毒品罪。按会议纪要的精神，代购人必须出于牟利的目的或者明知托购毒品者的目的是用于实施其他犯罪才构成贩卖毒品罪。《大连会议纪要》还明确了牟利的表现为变相加价贩卖毒品。《武汉会议纪要》则对牟利作出进一步明确，列举了3种形式：第一，低价买进、高价卖出，从中赚取差价。第二，收取除交通、食宿等必要开销之外的中介费等费用。第三，以贩卖为目的收取部分毒品作为酬劳。因而我们可以了解到，除了上述3种情况外，其他情况如"代购蹭吸"行为就被排除在作为犯罪处理的范围之外，换言之，刑法对于代购者

"蹭吸"毒品的行为不予定罪处罚。因为根据《武汉会议纪要》对牟利情形中收取毒品作为酬劳的认定,强调的是"以贩卖为目的",而代购者"蹭吸"是为了自己吸食而非用于贩卖。刑法惩罚毒品犯罪是因为毒品犯罪的本质特征是促进毒品流通,而吸毒者仅为自身吸食,并没有促进毒品流通,这也是法律不惩罚吸毒行为的原因。同理,代购者"蹭吸"也仅是自身消耗毒品而没有涉及毒品上下环节的流通,若对"代购蹭吸"行为定罪处罚,有违刑法立法的目的,有变相打击吸毒行为之嫌疑。因此,"代购蹭吸"行为不应定罪处罚。

按照浙江省《关于办理毒品案件中代购毒品有关问题的会议纪要》,吸毒者不指定卖家,代购人代为购买仅用于吸食的毒品且没有从中牟利的行为,可能构成贩卖毒品罪。通过文件规定,我们可以发现,浙江省对于代购毒品行为的认定条件之一是"指定卖家",由此可推知浙江省并不认可"不指定卖家"的情况为毒品代购行为。这种情况既不被认定为代购行为,也不可能被认定为无罪,那么在浙江省极有可能被认定为贩卖毒品。这虽然与国民对"代购"的理解观念有所出入,但在笔者看来,是因为贩卖毒品罪的本质特征是毒品的流通,不指定卖家的代购行为性质上更接近于居中倒卖,实际上加速了毒品的流通,而指定卖家的代购行为则没有这种效果,因而立法者对于不指定卖家的代购毒品行为的认定更加严格,惩罚更加严厉。当然,在实践中应当结合具体案情具体分析。

作者:洪树涌

代购者"蹭吸"应如何定罪处罚

代购者"蹭吸"是指代购者给吸毒者代购仅用于吸食或注射的毒品后，与吸毒者共同吸食所购买的毒品或者从代购的毒品中留取少量的毒品用于自己吸食。代购者"蹭吸"在司法实践中非常常见，但对这一行为的认定却不尽相同。

案例1

2014年5月，张某想吸食毒品，找到可以买到毒品的好友李某让其帮忙购买，并许诺李某代购成功后可共同吸食其所代购的毒品。李某购买了××克毒品后带给张某，并与张某共同吸食。法院审理后认定，被告人李某违反国家对毒品的管理制度，为吸毒人员代购毒品并从中牟利，应当以贩卖毒品罪定罪处罚。

案例2

2017年1月，吸毒人员吴某让车某为其购买毒品海洛因，通过微信向车某支付了毒资人民币××元。车某又找到陈某并将毒资人民币××元转给陈某让其购买海洛因。陈某购买了海洛因××克后，吴某、车某、陈某三人共同吸食所购毒品。检察院经审查认定，陈某为他人代购毒品后"蹭吸"的行为不能认定为以牟利为目的，陈某的行为不构成贩卖毒品罪，决定对陈某不予起诉。

在司法实践中，对"代购者蹭吸"行为认定不一的主要分歧在于行为人为他人代购仅用于个人吸食的毒品后，而又"蹭吸"代购的毒品是否属于为他人代购毒品并从中牟利的情形。《全国法院毒品犯罪审判工作座谈会纪要》指出，毒品代购者为他人代购仅用于吸食的毒品，在交通、食宿等必要开销之外收取"介绍费""劳务费",或者以贩卖为目的收取部分毒品作为酬劳的,应视为从中牟利,属于变相加价贩卖毒品,以贩卖毒品罪定罪处罚。由此可知,在仅受吸毒者委托而代购用于自吸的毒品的情况下,只有在以贩卖为目的收取部分毒品作为酬劳的情况下才可构成贩毒罪。

一般来说,首先,代购者"蹭吸"的行为仍属于一种个人吸食毒品的行为,并没有使毒品在社会上再次流通,相较毒品犯罪中的其他行为而言,社会危害性较小。其次,毒品代购者为他人代购毒品的主观目的是买毒品而不是卖毒品,虽然这一代购行为在客观上帮助了他人贩卖毒品,但并不能因此就认定其为贩毒者的共犯,不能将代购行为等同于贩毒行为。最后,代购毒品后一起吸食的行为仅是代购者的好处,"蹭吸"的代购者在本质上属于吸毒人员,而我国刑法不调整个人吸毒行为。如果打击代购者"蹭吸"行为,难免有变相扩大打击对象之嫌,违反罪刑法定原则。

综上所述,对于代购者"蹭吸"的行为,如果没有充分的证据证实其有贩卖毒品的故意且不涉及其他毒品犯罪的情况下,应按无罪处理,将其视为一般违法案件予以行政处罚。

但是,如果毒品代购者明知购毒者购买毒品的目的是用于贩卖而仍接受委托实施代购行为,则构成贩卖毒品罪。因为其主观上具有贩卖毒品的故意,客观上为毒品流通和贩卖行为提供了重大帮助。此外,如果毒品代购者在接受购毒者委托之前或者同时亦接受了贩毒者的委托,则也构成贩卖毒品罪。因为其在主观上具有与贩毒者共谋贩卖的故意,客观上帮助贩毒者实施了贩卖毒品的行为,系毒品交易的直接主体。

奉劝大家一定要珍惜生命、远离毒品。

作者:洪树涌

毒品案件改变定性的辩护技巧

贩卖毒品罪与非法持有毒品罪虽然都属于毒品犯罪,但是两者的量刑差别很大,如何准确定性对当事人的影响也很大,刑辩律师要在合法的前提下尽最大的努力为当事人争取最大权益。

一、毒品买卖双方如何定罪？人赃俱获如何辩护？

2017年8月,某市市民李某某以××元向另一被告人鲜某某（化名）购买毒品××包（其中××包MDMA××克,××包氯胺酮××克）,李某某在离开鲜某某住处之时,被警方抓获。检方指控被告人李某某和被告人鲜某某都构成贩卖毒品罪,而且李某某归案后未能如实供述自己的罪行,认罪悔罪态度较差,应从重处罚,故建议对其判处7年以上8年以下有期徒刑,并处罚金。

李某某因涉嫌贩卖毒品罪被刑事拘留,笔者团队接受李某某家属的委托,为其做刑事辩护。接受委托后,我们迅速安排会见、阅卷等工作,我们团队的律师多次对本案进行案情分析和讨论。经过多次开庭审理,终于在2018年11月26日判决,李某某犯非法持有毒品罪,判处有期徒刑2年。

1. 贩卖毒品罪与非法持有毒品罪在犯罪主观要件上的区别

犯罪主观要件,是指犯罪主体对其所实施的危害社会的行为结果所持的心理状态。根据《中华人民共和国刑法》规定,贩卖毒品罪是指行为人明知是毒品而故意实施贩卖的行为。非法持有毒品罪是指行为人明知是毒品而非法持有且数量较大的行为。两罪均为故意犯罪,但故意的内容不同。明知是毒品而故意犯罪是两罪的共同点。两罪故意的内容不同体现在,贩卖毒品罪的行为人的主观目的十分明确，就是为了实施贩卖毒品行为，其犯罪的动机和目的大多是牟利，即通过犯罪行为来获取不正当的经济利益；而非法持有毒品罪的行为人的主观目的并不明确，或者说具有模糊性、不可查证性，亦即其目的具有潜在的多样性和当前目的不可求证性的特点，其犯罪的动机和目的可能是多种多样的。

在司法实践中，对被告人犯罪时所持的心理状态需要结合全案的证据进行分析。除了根据被告人的供述外，还必须结合具体的案件事实，并在排除其他可能性的前提下，才能得出正确的结论。为了贩卖而持有毒品的，应构成贩卖毒品罪；为了自己吸食、代购、保管或者不能证实其有贩卖、运输、走私等犯罪故意，持有毒品数量较大的，构成非法持有毒品罪。

在本案中，李某某持有毒品的主观目的没有证据证明是为了贩卖，李某某供述购买毒品系用于自己吸食，并非用于贩卖。辩护律师认为，被告人李某某主观上不具有贩卖毒品的故意，其取得毒品的行为，不以牟利为目的，在案材料没有证据证明被告人李某某实施了联系买家等贩卖毒品的行为，也无其他证据能够证实被告人李某某有贩卖毒品的主观故意，因此，现有证据不能充分证实被告人李某某向鲜某某购买毒品系用于贩卖的事实。故我们认为，被告人李某某的行为在主观方面符合非法持有毒品罪的要件，而不符合贩卖毒品罪的要件。

2. 贩卖毒品罪与非法持有毒品罪在犯罪构成客观方面的区别

在犯罪构成客观方面，贩卖毒品罪，是指行为人违反毒品销售管理的法规，非法销售毒品或者以贩卖为目的而非法购买毒品的行为。非法持有毒品罪具有非法持有毒品的行为，非法持有毒品的客观方面表现为违反国家法律和国家主管部门的规定，占有、携带或者以其他方式持有数量较大的毒品，其持有行为对毒品控制或支配状态是独立存在的，而不是贩卖的前提条件或后续行为。在本案中，被告人鲜某某的行为属于贩卖毒品的行为，这一点没有争议，但没有证据证明李某某购买毒品的行为是为了贩卖，其辩称所购毒品是用于自己吸食，因此，若没有证据证明其为了贩卖而购买毒品，则其行为应认定为非法持有毒品罪。

3. 贩卖毒品罪与非法持有毒品罪在证明标准上的区别

证明标准，又称证明要求或证明任务，是指办案人员运用证据认定案件事实所要达到的程度。根据《中华人民共和国刑事诉讼法》的相关规定，人民法院在认定被告人构成犯罪时，必须达到犯罪事实清楚，证据确实、充分的证明标准。所谓犯罪事实清楚，是指凡与定罪量刑有关的事实和情节，都必须查清。所谓证据确实、充分，是对作为定案根据的证据质和量总的要求。

根据司法实践经验，证据确实、充分，必须同时达到以下要求：（1）据以定案的证据均已查证属实；（2）案件事实均有必要证据予以证明；（3）证据之间、证据与案件事实之间的矛盾均得到合理的排除；（4）根据全案证据得出的结论是唯一的，排除了其他可能性。

判定非法持有毒品罪，只需证明行为人在主观上明知是毒品，在客观上持有一定数量以上的毒品即可，而无须证明毒品的具体来源及去向或用途。判定贩卖毒品罪，则必须证明行为人主观上有贩卖毒品的故意，客观上实施了贩卖毒品的行为，且据以证明行为人贩卖毒品的主观故意和客观行为的证据，均是真实的、全面的、排他的。本案中，在被告人李某某身上搜出的毒品数量被认定为其贩毒的数量，在证据的确实充分性方面，显然是没有达到我国刑法所规定的证明标准的。因为根据现有的全部证据，尚不足以证明被告人李某某持有毒品就是贩卖毒品行为，也就是说，这一结论不具唯一性和排他性。

最终，广州市某区人民法院第五次开庭并当庭宣判，李某某犯非法持有毒品罪，判处有期徒刑两年。

二、代购毒品的行为如何改变定性

2014年5月，佛山市一被告人欧阳某某应欧某要求为其介绍毒品卖家未果后，应欧某吸食毒品的要求，在家中拿出净重××克的一小包甲基苯丙胺交给欧某，欧某交给欧阳某某现金××元。2015年，佛山市顺德区人民法院一审判决欧阳某某构成贩卖毒品罪，判处其有期徒刑8年，并处罚金××元。但被告人欧阳某某坚称他只是一名吸毒人员，没有贩卖毒品。

佛山市中级人民法院二审认定，欧阳某某构成贩卖毒品罪的证据不足，其与欧某相识、交往多年且相互之间存在金钱往来的情况，不能排除××元现金是欧某归还给欧阳某某的欠款的真实性，欧阳某某持有××克甲基苯丙胺等毒品构成非法持有毒品罪，遂以非法持有毒品罪改判其有期徒刑2年，并处罚金××元。

佛山市中级人民法院之所以认定被告人欧阳某某不应构成贩卖毒品罪，是因为欧阳某某从其持有的毒品中拿出××克甲基苯丙胺给欧某，是其无法帮欧某购买毒品而不堪其"请求"所作出的"情谊行为"，并没有直接贩卖毒品给欧某的故意，且欧某给付的××元现金属于毒资的证据不足；欧阳某某帮欧某联系其他贩毒人员代购毒品，也并没有证据证实其是出于牟利的目的，对其代购行为不能认定为贩卖毒品罪。

三、运输毒品的行为如何改变定性

2012年，被告人陈某经常与云南德宏一毒贩通过电话、短信联系，并与莫某某前往德宏，几日后，陈某返回，莫某某仍留在德宏。后莫某某返回。二人的上述活动，均已被公安机关监控。陈某去某机场接莫某某后，二人被公安机关抓获，并从陈某车内搜出莫某某带回的毒品若干。公诉机关以运输毒品罪，对陈某、莫某某提起公诉，并提供了二被告人供述与辩解、证人证言、通话详单、短信记录、毒品照片、毒品数量等证据证实。

辩护律师认为，起诉书指控被告人犯有运输毒品罪，无论从证据上还是从定性上都存在问题。按照本案的证据，充其量能认定被告人犯有非法持有毒品罪。按照本案查获的××克的毒品数量，如果判决被告人犯非法运输毒品罪，其量刑就是死刑（或缓期2年执行）；如果按照非法持有毒品罪判决，被告人的刑罚就是有期徒刑。因此，辩护律师作了改变案件性质的辩护，从重罪辩成轻罪。

法院采纳了辩护人的辩护意见，以非法持有毒品罪，判处被告人陈某有期徒刑12年，莫某某有期徒刑11年。

四、五种情形下可以做改变定性辩护

1. 贩毒人员被抓获后,对于从其住所、车辆等处查获的毒品,一般均应认定为其贩卖的毒品。确有证据证明所查获的毒品并非贩毒人员用于贩卖,其行为构成非法持有毒品罪、窝藏毒品罪等其他犯罪的,依法定罪处罚。

2. 吸毒者在购买、存储毒品过程中被查获,没有证据证明其是为了实施贩卖毒品等其他犯罪,毒品数量达到《中华人民共和国刑法》第三百四十八条规定的最低数量标准的,以非法持有毒品罪定罪处罚。

3. 吸毒者在运输毒品过程中被查获,没有证据证明其是为了实施贩卖毒品等其他犯罪,毒品数量达到较大以上的,以运输毒品罪定罪处罚。

4. 购毒者接收贩毒者通过物流寄递方式交付的毒品,没有证据证明其是为了实施贩卖毒品等其他犯罪,毒品数量达到《中华人民共和国刑法》第三百四十八条规定的最低数量标准的,一般以非法持有毒品罪定罪处罚。

5. 代收者明知是物流寄递的毒品而代购毒者接收,没有证据证明其与购毒者有实施贩卖、运输毒品等犯罪的共同故意,毒品数量达到《中华人民共和国刑法》第三百四十八条规定的最低数量标准的,对代收者以非法持有毒品罪定罪处罚。

作者:洪树涌

运输毒品罪与非法持有毒品罪的区分

在实际生活中,许多毒品犯罪都是以非法持有毒品作为外在的表现形式,走私、贩卖、运输、制造毒品的犯罪行为都是以持有或掌握一定数量的毒品为基本前提或结果,因此它们之间存在着一定形式上的涵盖、交叉关系。特别是非法持有毒品罪和运输毒品罪,二者在客观上常常有许多重合和相似之处,十分容易混淆。

非法持有毒品,是指明知是鸦片、海洛因或者其他毒品,而非法以占有、携带、私藏、藏匿等方式对毒品予以支配和控制的行为。运输毒品,是指明知是毒品而采用携带、邮寄、利用他人或者使用交通工具等方法非法运送毒品的行为。非法持有毒品尤其是动态非法持有毒品和运输毒品在客观上都表现为使毒品发生位移,但两个行为的主观目的和意图不尽相同,这也正是区分动态非法持有毒品罪和运输毒品罪的重要标尺。

非法持有是一种事实上的支配状态,可以分为静态持有和动态持有,如在家中藏毒,随身或通过交通工具携带毒品,对毒品的控制或支配是独立存在的。非法持有毒品的主观意图和目的具有不可求证性,或者缺少充分的证据证明行为人有其他毒品犯罪的意图。非法持有毒品罪的目的和意图多种多样,持有形式也是多种多样的,属于毒品犯罪中的兜底罪名。如果可以查清非法持有毒品的目的,就应当以其他罪名处理。

案例1

王某向李某借款××元人民币并请李某开车去某地购买毒品。李某驾车,毒品放在李某的车上。二人返回本地后,王某没有钱还给李某,于是给李某××克冰毒作为抵押。后王某在家中被公安机关抓获,并查获××克冰毒;

李某在驾驶过程中被公安机关抓获，查获××克冰毒。

依据《全国法院毒品犯罪审判工作座谈会纪要》的规定，吸毒者在购买、存储毒品过程中被查获，没有证据证明其是为了实施贩卖毒品等其他犯罪，毒品数量达到《中华人民共和国刑法》第三百四十八条规定的最低数量标准的，以非法持有毒品罪定罪处罚。本案中的××克毒品被从购买地运回二人常住地的时间段内，二人对其形成空间管领力和事实管领力，且二人持有毒品是一种事实状态，根据法律关系管领和观念管领分析，二人在运输时间段内对××克毒品共同持有，且无证据证明二人是为了实施贩卖毒品等其他犯罪行为，所以二人为非法持有毒品罪的共犯。

运输毒品罪中的"运输"，不应该简单地从字面含义将其理解为物品的位移，也不能认为凡是在运输工具上或候车场所中携带毒品都是运输毒品。运输毒品罪中的"运输"在刑法意义上有着特定的含义，它应当包含了运输的目的和意图，而不是单纯指空间上的位移。运输毒品罪目的明确，与走私、贩卖、制造毒品的行为有一定的关联性，希望通过运输毒品行为进行贩卖牟利或者帮助他人运输以实现营利目的，如以走私、贩卖、制造毒品为目的而运输毒品或者运输毒品是走私、贩卖、制造毒品行为中的一个环节。如果在犯罪嫌疑人的交通工具上查获大量毒品，且无充分证据证明行为人持有毒品是为了走私、贩卖、运输、制造毒品的，应认定其为非法持有毒品罪，反之则可认定为运输毒品罪。

案例 2

2018 年 8 月，被告人黄某与被告人张某为谋取非法利益，欲将一批毒品从云南省昆明市运送至贵州省贵阳市进行交付。二人分别驾驶轿车到达目的地入住某宾馆，随后二人将在宾馆接到的毒品藏匿于轿车两侧后车门夹层内。在二人驾驶车辆途经云南省保山市公安边防支队芒颜边境检查站时，从车门夹层内查获毒品可疑物××块，经称量鉴定，其中毒品海洛因××块，净重××克，含量为××%；毒品甲基苯丙胺××块，净重××克，含量为××%。二人先后在边境检查站被抓获。

依据《中华人民共和国刑法》第三百四十七条第一款规定，走私、贩卖、运输、制造毒品，无论数量多少，都应当追究刑事责任，予以刑事处罚。本案中，二人的运输目的明确，即希望通过运输毒品获取一定的经济利益，在主观上具有运输毒品的故意，客观上二人实施了使用交通工具使毒品发生空间位移的行为，且非法运输的毒品数量较大，因此，二人构成运输毒品罪。

作者：洪树涌

浅析走私毒品案件的有效辩点

走私毒品是指非法运输、携带、邮寄毒品进出国（边）境的行为。行为方式主要是输入毒品与输出毒品，此外，对在领海、内海运输、收购、贩卖国家禁止进出口的毒品，以及直接向走私毒品的犯罪人购买毒品的，也应视为走私毒品。不管是输入毒品行为或输出毒品行为都属于走私毒品犯罪行为，都是我国要严厉打击的对象。

基于毒品的危害性，我国对于毒品犯罪的打击力度一向很大，对于与毒品治理源头密切相关的走私毒品案件更是从严打击。作为走私毒品案件的辩护人，我们又该如何准确把握走私案件的相关辩点呢？笔者将结合案例对相关问题进行分析。

一、如何区分主从犯

案例1：坦桑尼亚人拉菲（化名）走私毒品案

2018年8月30日8时，拉菲从非洲某地乘坐飞机抵达我国某机场，入境时选择走无申报通道，未向海关申报携带违禁物品，海关关员经排查判定其有体内藏毒的风险。海关缉私分局接报后立即将其送往医院检查。在警方的监督下，其从体内排出××粒灰色粉末压实颗粒，净重为××克，均检出海洛因成分。

拉菲入境时选择走无申报通道，未向海关申报携带违禁物品且有体内藏毒的行为已经构成走私毒品罪，如果做无罪辩护基本没有任何空间，那本案是否有拉菲是从犯的可能呢？根据《全国部分法院审理毒品犯罪案件工作座谈会纪要》第九条规定，区分主犯和从犯，应当以各共同犯罪人在毒品共同犯罪中的地位和作用为根据。要从犯意的提起、具体行为分工、出资和实际分得毒赃多少以及共犯之间相互关系等方面来比较各个共同犯罪人的地位和作用。在毒品共同犯罪中，为主出资者、毒品所有者或者起意、策划、纠集、组织、雇佣、指使他人参与犯罪及其他起主要作用的是主犯；起次要或辅助作用的是从犯。拉菲辩解，其受雇于一个叫阿明（化名）的女子，按照阿明的指令吞下毒品，完全被动地听从阿明的安排，在走私毒品环节，她只起到次要作用。但以上情形除拉菲供述外，无其他证据证实。本案证据缺少拉菲和阿明之间的通话记录或聊天记录，也没有任何转账记录。因此，拉菲的辩解很难被法院采信。

案例2：余某走私、运输毒品案

2015年4月28日，被告人余某受他人指使在缅甸小勐拉拿到毒品并将毒品运输至中国境内。次日23时10分，余某藏带毒品乘坐当日元江至昆明的长途客车前往昆明时，在云南省玉溪市青龙厂警务站被公安人员从其身上查获甲基苯丙胺片剂××克。

开远铁路公安处禁毒支队和昆明铁路公安处禁毒支队分别出具"情况说明"材料，证实了被告人余某系在一个走私、运输毒品的犯罪团伙中受团伙其他成员的安排和指使实施了走私、运输毒品犯罪的事实。通过被告人余某的供述和其随身携带的银行卡的银行交易明细材料可知，其受一名外号叫"飞哥"的不知名男子的安排从广东东莞前往云南景洪运输毒品，"飞哥"答应待其将毒品运输到昆明后给其××元的报酬，并通过银行转账的方式汇给其××元人民币的路费。之后，其受"飞哥"安排前往缅甸小勐拉拿到毒品且藏带毒品返回中国境内，并途经景洪、普洱、元江等地前往昆明，后其在从元江乘车前往昆明途中被公安人员抓获。

法院认为，被告人余某无视国家法律，明知携带物是毒品仍在他人安排和指挥下藏带甲基苯丙胺片剂××克从缅甸国进入中国境内，并准备将毒品从元江运往昆明，其行为已触犯国家《中华人民共和国刑法》，构成走私、运输毒品罪，系共同犯罪。在共同犯罪中，被告人余某系从犯。判处其有期徒刑14年，并处罚金人民币15 000元。

二、对毒品缺失型走私毒品罪案件的辩护

笔者亲办的一起案件是由公安部督办的黄某某等人走私毒品可卡因案，但是办案过程中警方并没有缴获相关毒品，在某市公安局禁毒支队的破案经过记录中说的是"船上极有可能载有××克可卡因"，"极有可能"也只是警方的一种猜测，并不确定。换句话说，并不确定被告船上究竟有没有毒品。事实上，在抓获被告时其船上并没有毒品。根据某市公安局的"现场勘验检查笔录"和鉴定文书的鉴定结论证明：公安机关并没有在该船上发现任何毒品，被告人走私毒品的证据不充分。

其实，在现场没有查获毒品并不意味着当事人无罪，还要根据当事人和其他同案人的口供在具体的走私次数、毒品价格、毒品数量、具体时间上是否一致来判定。再结合相关物证、书证等客观性证据进行综合判断。经过辩护，该案的被告人黄某某被判处有期徒刑7年。

三、同一性问题

笔者经办的一起Y国A走私毒品案，下家B在某机场被抓并在其行李箱里缴获了××克冰毒，经过仔细比对，我们发现A给B的行李箱与在机场缴获的行李箱并非同一个，而且B在第二天才去机场，晚上发生过什么事情A并不清楚，除了行李箱并没有其他证据证明毒品来自A。因此，对于走私毒品案件，不但要关注毒品的同一性即毒品的提取、扣押、取样、鉴定等程序，也要重视包装工具如行李箱等的同一性问题。

四、重大立功表现

案例1：举报并配合抓获同案犯

该案系在公安部督办下，由粤桂滇三地警方于2018年联手破获的横跨三省多地走私、运输、贩卖毒品的特大贩毒案件，摧毁贩毒网络共有8层供销关系7层上家，深度摧毁了"东南亚某国—云南保山—广西钦州—广东东莞"的毒品走私通道，抓获了以黄某欢为首的广西灵山籍犯罪嫌疑人28

名，缴获各类毒品××克（其中海洛因××克），查扣毒资××元、涉案车辆××辆。该案为近年来广州警方单案缴获海洛因最多、打击犯罪链条最完整的突出案件。

2019年10月31日，广西钦州中院对该系列案中的7起案件共21名被告人进行一审集中宣判。被告人刘某归案后，如实供述了自己的犯罪行为，并向公安机关检举其毒品上家黄某某的基本情况及犯罪行为。刘某在公安机关的控制下与黄某某接触后，帮助公安机关于2018年9月13日18时许在云南省某市中缅边境巡防道附近成功将黄某某抓获。此外，被告人刘某还协助司法机关将同案人蒋某某抓捕归案。

根据《中华人民共和国刑法》① 第六十八条规定，犯罪分子有揭发他人犯罪行为，查证属实的，或者提供重要线索，从而得以侦破其他案件等立功表现的，可以从轻或者减轻处罚；有重大立功表现的，可以减轻或者免除处罚。

据《最高人民法院关于处理自首和立功具体应用法律若干问题的解释》（法释〔1998〕8号）第七条规定，根据《中华人民共和国刑法》第六十八条第一款规定，犯罪分子有检举、揭发他人重大犯罪行为，经查证属实；提供侦破其他重大案件的重要线索，经查证属实；阻止他人重大犯罪活动；协助司法机关抓捕其他重大犯罪嫌疑人（包括同案犯）；对国家和社会有其他重大贡献等表现的，应当认定为有重大立功表现。前款所称"重大犯罪""重大案件""重大犯罪嫌疑人"的标准，一般是指犯罪嫌疑人、被告人可能被判处无期徒刑以上刑罚或者案件在本省、自治区、直辖市或者全国范围内有较大影响等情形。

而上家黄某某身负运输××块毒品海洛因案潜逃缅甸，7年未归，且与刘某共同走私、贩卖、运输毒品数量巨大，被抓时随身携带枪支，人身危险性极大，属于依法被判处无期徒刑以上刑罚的情形，故刘某构成重大立功表现。

---

① 此处应是指《中华人民共和国刑法》2017年修正版。2020年《中华人民共和国刑法》已再次修正——编者注。

案例2：举报并缴获毒品

2009年8月1日，被告人魏某、吴某携毒品到达云南省施甸县时被民警例行盘查，二人主动承认其携带的黑色拎包内装有毒品。民警当场从该包内查获毒品甲基苯丙胺××包，重××克。同月2日，在保山市某村口，魏某协助民警将准备接应毒品的王某抓获。同年12月4日，魏某提供线索并协助民警在云南省镇某山腰一山洞内查获甲基苯丙胺一包，共计××克。

魏某提供线索并协助公安机关查获案外××克毒品的行为如何定性？根据魏某交代，该批毒品的藏匿地点是一杨姓男子告诉他并带他前往的，准备安排他将毒品运到保山，但他并未表示愿意运输该批毒品，在案的其他证据也无法证实魏某准备运输该批毒品，其在犯罪后提供线索并协助公安机关查获了××克毒品。现有证据无法证实该批毒品的实际控制主体，但魏某的这一行为应该认定为有益于国家和社会的突出行为，体现在两个方面：一是其行为有效防止了数量巨大的毒品流入社会、危害社会；二是其行为从源头上阻止了该批毒品的实际控制人继续实施以该批毒品为对象的犯罪的可能。因此，魏某提供××克毒品线索的行为完全符合立功的成立要件，应当构成立功表现，而且是重大立功表现。

最后，笔者提示大家远离毒品，千万不要为了牟取暴利铤而走险，参与走私毒品犯罪既害人也害己。而刑辩律师也应依法依规辩护，在合法的前提下为当事人争取最大利益。

作者：洪树涌

走私毒品罪：既遂和未遂的边界

不同时期、不同地区的法院对走私毒品罪既遂和未遂观点不同，同一法院不同时期对走私毒品罪既遂和未遂观点也会发生变化。毒情越重，国家禁毒政策越严，则认定走私毒品未遂更严格。

1994年最高人民法院《关于适用〈全国人民代表大会常务委员会关于禁毒的决定〉的若干问题的解释》（已失效）第二条规定，走私毒品是指明知是毒品而非法将其运输、携带、邮寄进出国（边）境的行为。2012年《最高人民检察院、公安部关于公安机关管辖的刑事案件立案追诉标准的规定（三）》第一条规定，走私是指明知是毒品而非法将其运输、携带、寄递进出国（边）境的行为。2017年修正的《中华人民共和国海关法》第八十二条第一款第一项规定，违反本法及有关法律、行政法规，逃避海关监管，偷逃应纳税款、逃避国家有关进出境的禁止性或者限制性管理，有下列情形之一的，是走私行为：（一）运输、携带、邮寄国家禁止或者限制进出境货物、物品或者依法应当缴纳税款的货物、物品进出境的……。

笔者认为，结合刑法理论，对上述三部法律文件的理解是走私的货物越过国（边）境线，可以认定为走私既遂；走私的货物尚未越过国（边）境线，可以认定为走私未遂。关于走私未遂可以进一步理解为走私的毒品达到海关控制区域尚未越过国（边）境线就被查获的；走私国外的毒品包裹交付给物流公司尚未寄出的；在自己家里藏有毒品的包裹上写妥国外收件人地址的，应当均理解为走私未遂。但在司法实践中是如何执行的，笔者将通过具体案例带大家了解一下。

2014年3月23日19时许，被告人解某某受他人之托，将藏有冰毒的包裹带到某国际货运公司,欲邮寄到马来西亚,公司员工发觉可疑遂报警。公安民警到场抓获被告人解某某,并在上述包裹内查获藏匿的白色晶体×包。经鉴定,净重共计××克,检出甲基苯丙胺成分,含量为××%。辩护人认为,根据庭审查明事实,涉案货物刚交付给物流公司就被办案人员当场查获,货物未离开物流公司。有多个不同法院已经生效的刑事判决均认为,当时走私毒品既遂通说是毒品到达海关控制区域即视为走私既遂,走私毒品尚未到达海关控制区域应当认定为走私未遂,故辩护人认为被告人解某某交付货物给货运公司邮寄的行为应视为走私毒品未遂。一审法院对本案的犯罪形态分析如下:被告人解某某通过邮寄的方式走私毒品,藏匿有毒品的伪装物已经交由货运公司接收,其走私行为已经完成,是犯罪既遂。辩护人提出本案是犯罪未遂的意见据理不足,本院不予采纳。最终,一审法院判决被告人解某某犯走私毒品罪,判处有期徒刑15年,并处没收个人财产3万元人民币。上述案例可以佐证毒品案件中对于走私毒品未遂持严格限制认定之说。

那么,在司法实践中存在哪些相关观点呢?

一、交付邮寄完成说

交付邮寄完成说认为,将目的地为国外、藏有毒品的包裹交付给物流公司,物流公司予以接收,走私行为已经完成,是犯罪既遂。本案认定走私既遂就是持这种观点。广东高院(2015)粤高法刑一终字第308号裁判文书记载:经查,犯罪没有得逞是犯罪未遂与既遂的区别所在。莫某某雇请何某某与谭某某于2014年5月15日前往快递公司欲邮寄伪装好的毒品,何某某与谭某某在途中被公安机关抓获而未能将毒品交寄,三人的走私毒品犯罪行为由于意志以外的原因而未得逞,是犯罪未遂。事实上,上述判例也支持交付邮寄完成说。交付邮寄之前为走私未遂;交付邮寄完成之后为走私既遂。

二、到达海关控制区域说

到达海关控制区域说认为,藏有毒品的物品、人到达海关控制区域之前为走私未遂;到达海关控制区域即视为走私既遂,对是否通关不予考虑。厦门市中院（2007）厦刑初字第 69 号裁判文书认为，走私毒品犯罪的既未遂，不以走私行为是否得逞，结果是否发生来认定。由于被告人林某某是在通关出境时被查获的，已经实施了携带毒品出境、逃避海关监管的行为，故不构成走私毒品犯罪未遂。广州中院（2017）粤 01 刑初 460 号裁判文书记载，对于辩护人提出本案属于犯罪未遂的意见，经查，走私毒品出境以毒品到达海关为既遂，涉案走私的毒品已经到达海关控制区域，故相关意见本院不予采纳。

三、行为犯说

行为犯说，即走私毒品罪是行为犯，只要实施了走私毒品行为，就构成走私毒品既遂，无论毒品是否交付邮寄；无论藏有毒品的物品是否到达海关控制区域；无论藏有毒品的物品是否走私出境。

这个观点略激进。在家里藏有毒品的包裹上写上国外地址准备邮寄就可以被视为走私既遂，人体藏毒后坐车准备去机场出境也可以视为走私既遂。笔者不禁想起毒品犯罪司法领域另一个观点：以贩卖为目的购进毒品视为贩卖毒品既遂。从下家身上、住处或者车内查获了毒品，只要下家承认买进的毒品是贩卖的，即使没有买家、毒资、也视为贩卖毒品既遂。

走私毒品罪未遂和既遂的界限究竟在哪里？根据上述法律规定，走私货物未遂和既遂判断标准是货物是否越过了国（边）境线。引申到毒品犯罪领域，走私毒品罪认定犯罪既遂有的超前了半步，比如到达海关控制区域说，只要毒品到达海关控制区域就认定为走私毒品既遂；有的超前了一步，比如交付邮寄说，只要把走私藏有毒品的包裹交给了物流公司，包裹无论是否离开物流公司，均视为走私毒品既遂；还有的超前了无数步，比如行为犯说，一旦实施走私毒品行为，就认定为走私毒品既遂。在自己家里把藏有毒品的包裹写上国外收货地址，就可以认定为走私毒品既遂。

不同地区、不同时期、不同法院认定走私毒品既未遂的观点不同，甚至同一时期、同一法院、同案不同判的情况也存在。同一法院在不同时期对走私毒品未遂和既遂的认定观点也会发生变化。禁毒政策越严，当地毒情越严重，对走私毒品未遂认定会越严格。我们能做的是把当地同期类似裁判文书找出来，选择类似案件的裁判文书提交给法官参考。当然，也可以据理力争说服法官争取在走私毒品未遂认定上有所突破。我们也希望最高司法机关能出台相关司法解释，统一界定走私毒品未遂和既遂的标准，也有利于全国统一适用法律。

作者：王红兵

受雇佣运输毒品是否可以不判处死刑

《全国部分法院审理毒品犯罪案件工作座谈会纪要》和《全国法院毒品犯罪审判工作座谈会纪要》（以下简称《武汉会议纪要》）均规定，对于有证据证明确属受人指使、雇佣运输毒品，又系初犯、偶犯的被告人，即使案涉毒品数量超过实际掌握的死刑数量标准，也可以不判处死刑。需要注意的是"可以"不判处死刑，而不是"不应当"判处死刑。

某中级人民法院审结的被告人常某等运输冰毒××克重大毒品犯罪案件中，该法院认为，被告人常某运输毒品数量大，与上家联系紧密，其主动性、独立性、参与程度大，罪责最大，且拒不承认有购买、运输毒品的行为，主观恶性深，人身危险性大，后果严重，依法应予严惩，虽然本案毒品被及时查获，未流入社会，但不足以对其从轻处罚，遂判处被告人常某死刑。

笔者认为，从上述论述可以推断被告人常某是初犯，且是受雇佣运输毒品。该中级人民法院裁判的依据是《武汉会议纪要》中的另外一段话：对于受人指使、雇用参与运输毒品的被告人，应当综合考虑毒品数量、犯罪次数、犯罪的主动性和独立性、在共同犯罪中的地位作用、获利程度和方式及其主观恶性、人身危险性等因素，予以区别对待，慎重适用死刑。该案实质上已经突破了受雇佣运输毒品且是初犯不判死刑的规定。

其他部分法院也常以运输毒品数量特别巨大、被告人主动性、独立性大等为由判处受雇佣运输毒品且是初犯的被告人死刑。笔者认为，只要运输的毒品数量特别巨大，第一被告人被判死刑的概率极大，虽然毒品数量不是判死刑的唯一因素，但它是被判处死刑非常重要的决定因素。笔者相信这种情况会越来越多，这是由国内毒情日益严峻的形势决定的，是由毒品对国家、社会、家庭、个人造成的无法弥补的危害决定的。

受雇佣运输毒品死刑案件的辩护空间可从下面几个角度考虑。

一、主观是否明知

毒品犯罪均以行为人主观明知是毒品为构成犯罪的必要条件。行为人不知道与其发生联系的物质是毒品，则不构成毒品犯罪。

如正在跑固定货运线路的货车上查获货物里夹藏了毒品，如果货车司机不知道夹藏毒品的事实，则货车司机不构成毒品犯罪；查获快递里夹藏有毒品，如果快递小哥不知情，快递小哥不构成毒品犯罪。在司法实践中，因为主观不明知运输的是毒品而被不起诉、撤案的还是有的，但相对于定罪判刑的运输毒品案件，这些不起诉或者撤案的运输毒品犯罪是凤毛麟角。

二、适用区别对待原则

与雇佣者比较，被雇佣者（委托人）具有从属性、受支配性的地位和作用。

一件跨省运输××克冰毒重大毒品犯罪案件中，一审法院判处运输毒品的被告人张某某死刑，理由就是其运输毒品数量特别巨大，且跨省运输，主动性、独立性大；同时，一审法院认定被告人张某某系初犯，系受雇佣运输毒品。但笔者注意到公安机关查获的××克冰毒中有个 GPS 定位仪，这充分证明系买家遥控指挥作案，通过查询 GPS 移动路线监控涉案毒品的动态；买家电话和卖家电话在交易前后通话三十多次，技侦材料显示买家和卖家商定了毒品交易的数量、价格、地点及其他具体交易细节，根本没有涉及张某某商谈交易的任何信息，这也印证张某某系受买家支配的事实。就该案件，虽然同伙李某某是张某某找来的，张某某支付报酬给李某某，但系李某某具体实施了载货行为，还实施暴力抗拒抓捕行为，造成抓捕车辆损坏；相对于张某某，李某某还有个抢劫罪前科。与同案其他运输者比较，尝试将被告人张某某的地位作用弱化，强化李某某在本案中的地位作用，则二审法院改判张某某刑罚的概率就会增加。

三、控方证据链证明力是否完善

本来毒品是客观物质,是不会发生变化的,但由于人的因素的介入,比如办案人员不规范提取、扣押、称量、取样,见证人身份不合法,鉴定人违规鉴定等均会给辩护人提供较大的辩护空间。例如,办案人员称量时将不同包装的疑似毒品混合;办案人员称量时使用了不符合要求的电子天平;称量取样过程中的见证人系保安且没有相应称量取样录像;鉴定人使用海洛因的国家标准检出了冰毒的成分和含量,鉴定人将不同检验混合后鉴定,等等。

四、死刑政策辩护

我国死刑政策是减少死刑、控制死刑、慎用死刑。《中华人民共和国刑法》第四十八条第一款规定,死刑只适用于罪行极其严重的犯罪分子。对于应当被判处死刑的犯罪分子,如果不是必须立即执行的,可以判处死刑同时宣告缓期两年执行。

作者:王红兵

运输毒品罪与非法持有毒品罪的区别与联系

一、问题提出

毒品的来源要么从境外走私进入,要么在国内的制毒场所完成制造,从毒品源头到终端吸毒人群必然涉及毒品的扩散、流转,即毒品的运输。因此,在公安机关破获的制造、贩卖毒品犯罪中,行为人通常还涉嫌运输毒品。当然也有单纯的运输毒品的行为,也即运输毒品本身是其核心目的。对于以上情形,认定行为人为运输毒品罪没有太大的争议。

但是,现实的情况可能更复杂,比如行为人主观上并没有让毒品流转、扩散的目的,仅因其他原因而客观导致毒品产生了物理位移,比如吸毒者携带只供自己吸食的毒品从 A 地到 B 地(如出差、回老家、单纯的旅游),以上情形构成运输毒品罪还是非法持有毒品罪?这是刑事辩护律师需要厘清的问题。

二、运输毒品罪与非法持有毒品罪的区别

(一) 两罪在入罪和量刑上有很大的区别

根据《中华人民共和国刑法》第三百四十七条第一款的规定,走私、贩卖、运输、制造毒品,无论数量多少,都应当追究刑事责任,予以刑事处罚。同时,根据该条第四款、第五款可知,运输毒品不满 10 克(本文涉及毒品数量时,均指折合成海洛因)的,处 3 年以下有期徒刑、拘役或者管制。运输毒品 10 克以上不满 50 克的,处 7 年以上有期徒刑。

对于非法持有毒品罪,根据《中华人民共和国刑法》第三百四十八条的

规定，非法持有……10 克以上不满 50 克……，处 3 年以下有期徒刑、拘役或者管制……。

也就是说，运输毒品罪是重罪，通常情况下不管运输毒品数量的多少，都要追究行为人的刑事责任；且在同等毒品数量的情况下，运输毒品罪的刑罚要明显重于非法持有毒品罪。

根据《中华人民共和国刑法》第三百四十七条和第三百四十八条的对比，可以得出结论，吸毒人员可以持有小于 10 克的毒品。当然，这里的"可以持有"是指不受《中华人民共和国刑法》的追诉，但仍有可能违反《中华人民共和国禁毒法》《中华人民共和国治安管理处罚法》等法律法规。

（二）立法目的不同

运输毒品是指明知是毒品而采用携带、邮寄、利用他人或者使用交通工具等方法非法运送毒品的行为，因此立法的目的是打击毒品的流转、扩散，切断毒品源头与吸毒者之间的联系，达到禁毒的目的。

非法持有毒品罪是兜底罪名，在无法证明毒品系用于走私、贩卖、运输等目的，也要给予行为人定罪量刑。即使是行为人持有毒品用于自己吸食，但是只要毒品超过一定数量，就推定毒品可能有用于贩卖等目的，对此立法者认为也应予以打击。

三、运输毒品罪与非法持有毒品罪的联系

从客观来看，运输毒品必然持有毒品。"持有"既可以是静态的，也可以是动态的。非法持有毒品是静态时，如在嫌疑人住处、宾馆查获毒品，认定为非法持有毒品罪，司法实践中通常没有争议。

当持有毒品属于动态，且无证据证明该毒品被用于贩卖、走私等毒品犯罪时，如何区分运输毒品罪与非法持有毒品罪，在实践中一直存在争议，也是律师在司法实务中经常碰到的复杂疑难问题。

对于动态持有毒品的行为，到底应定性为运输毒品罪还是非法持有毒品罪，笔者梳理了现有的司法解释，总结为"一个原则，三个例外"。

(一)一个原则：不问犯罪动机和目的，只要毒品处于运输状态，就构成运输毒品罪

只要行为人主观上明知是毒品，客观上实施了携带毒品，利用交通工具运载、邮寄等行为的，就构成运输毒品罪，犯罪动机和目的并不是构成运输毒品罪主观方面的必备条件。即使是为亲属、朋友帮忙无偿进行运输，只要行为人明知其所运输的是毒品，就不影响运输毒品罪的成立。

不问犯罪动机和目的，主要是考虑到毒品犯罪的隐蔽性强、取证难度大。根据毒品的运输状态直接认定为运输毒品罪，更有利于打击猖獗的毒品犯罪。

(二)三个例外：为了吸食而运毒小于10克，定性为"可以持有"毒品。超过10克，则视情况定性为非法持有毒品罪或运输毒品罪

这里的"可以持有"是指《中华人民共和国刑法》意义上的合法，因为根据我国《刑法》，吸毒行为本身并不构成犯罪。

三个例外的具体情形包括：自吸、免费代购或邮寄购毒小于10克。《全国法院毒品犯罪审判工作座谈会纪要》对此做了具体规定，如下：

1. 吸毒者在运输毒品过程中被查获，没有证据证明其是为了实施贩卖毒品等其他犯罪，毒品数量达到较大（10克）以上的，以运输毒品罪定罪处罚。据此，如果吸毒者运输10克用于自吸（不考虑运输距离的因素），仍构成运输毒品罪；相反，如果吸毒者运输小于10克的毒品，则不构成运输毒品罪，当然更不构成非法持有毒品罪。

2. 行为人为吸毒者代购毒品，在运输过程中被查获，没有证据证明托购者、代购者是为了实施贩卖毒品等其他犯罪，毒品数量达到较大以上的，对托购者、代购者以运输毒品罪的共犯论处。据此，帮人免费代购并运输10克以上的毒品，仍构成运输毒品罪。如果帮人免费代购并运输小于10克的毒品，则不构成运输毒品罪。

3. 购毒者接收贩毒者通过物流寄递方式交付的毒品，没有证据证明其是为了实施贩卖毒品等其他犯罪，毒品数量达到《中华人民共和国刑法》第三

百四十八条规定的最低数量标准（10克）的，一般以非法持有毒品罪定罪处罚。代收者明知是物流寄递的毒品而代购毒者接收，没有证据证明其与购毒者有实施贩卖、运输毒品等犯罪的共同故意，毒品数量达到《中华人民共和国刑法》第三百四十八条规定的最低数量标准（10克）的，对代收者以非法持有毒品罪定罪处罚。据此，吸毒者通过快递购买毒品的数量10克以上的，虽然快递是当下运输毒品的一种主要形式之一，客观上也促进了毒品的流转、扩散，但是仍应定性为非法持有毒品罪。帮吸毒者代收快递的，也作了类似的规定。

需要特别指出的是，为了吸食而运输小于10克的毒品将不受刑事追诉，是司法实践对《中华人民共和国刑法》第三百四十七条的突破。因为根据《中华人民共和国刑法》第三百四十七条"走私、贩卖、运输、制造毒品，无论数量多少，都应当追究刑事责任，予以刑事处罚"的规定，无论"运输"毒品数量多少，都予以刑事处罚。

四、结语

针对"动态"持有毒品是定性为运输毒品罪还是非法持有毒品罪的疑难点，梳理相关司法解释，可以得出以下结论：只要被运输的毒品是用于吸食的，不管是自己吸食，还是代购给别人吸食，只要不是用于贩卖等牟利用途，都遵循吸毒者"可以持有"小于10克毒品的规则。两罪的入刑和量刑有较大区别，律师只有掌握两罪的区别与联系，才能为嫌疑人或被告人作最有利的辩护。

作者：关欣

运输毒品罪的既未遂问题与运输距离问题

一、运输毒品罪的罪名解析

运输毒品罪的设罪目的是打击毒品的流转与扩散,《中华人民共和国刑法》对运输毒品罪的犯罪构成要件并没有明确的规定。通说认为,运输毒品是指行为人明知是毒品而采用携带、邮寄、利用他人或者使用交通工具等方法非法运送毒品的行为。

走私、贩卖、运输、制造毒品罪是选择性罪名,从罪名和毒品犯罪必然涉及毒品的流通来看,运输往往与走私、贩卖、制造毒品等行为伴生,当然,也有可能存在单纯的运输毒品行为。正因如此,在司法实践中对于运输毒品罪的犯罪构成,存在一定争议。

二、运输毒品的既遂、未遂问题

行为人运输毒品,但是未到达目的地就被查获,是否构成既遂?行为人用汽车运输毒品,但汽车还未点火启动,是否构成未遂?

通说的观点认为,只要行为人主观上明知运输的是毒品,客观上实施了携带毒品,利用交通工具运载、邮寄等行为的,就构成运输毒品罪。即,只要毒品处于运输状态,直接认定行为人运输毒品罪的既遂。如果行为人因意志以外的原因未起运的,构成未遂。根据该观点,毒品来源和去向,并不影响运输毒品罪的认定。

即便如此,律师在进行辩护时,仍应当充分地挖掘对行为人有利的量刑情节。比如，行为人打算用汽车运输毒品刚刚起运的危害性，肯定低于毒品已经运抵目的地的危害性。

三、运输毒品是否应考虑距离问题

将毒品从楼上拿到楼下，算不算运输毒品？将毒品从马路这边运到马路对面，算不算运输毒品？运输多远距离，才构成"运输"，目前并没有相关司法解释予以明确，在实务中争议很大，但是从典型案例中可以初探裁判者的观点。

《刑事审判参考》第853号高某贩卖毒品、宋某非法持有毒品案中指出，认定运输毒品罪应适当考虑运输距离和目的。本案中，高某指使宋某携带毒资到某酒店，向高某事先联系的毒贩购买甲基苯丙胺××克，宋某将购买的毒品送到高某居住的小区交给高某时，被当场抓获。法院对宋某是否构成运输毒品罪，评析如下："（宋某）携带毒品前往同城之内相距仅十分钟左右车程的地点将毒品交给高某，运送毒品的距离较短，且没有证据证实宋某由此赚取了运费，故不宜认定为运输毒品罪"。同时，由于无证据证明宋某明知其代购的毒品是被高某用于贩卖的，宋某最终被法院认定为犯非法持有毒品罪，判处有期徒刑1年3个月。

笔者认同该裁判观点。本案中，宋某受高某指使为其代购毒品后，携带毒品前往同城之内相距仅十分钟左右车程的地点将毒品交给高某，其运送毒品的距离较短，没有证据证实宋某由此赚取了运费，故不宜认定为运输毒品罪。实际上，对宋某短距离运送购得的毒品并交给高某的行为，可视为其代购毒品行为的一部分，故无须将其代购毒品行为中的运送毒品环节割裂开来单独认定为运输毒品罪。

通过以上案例可以明确，不以牟利为目的，同城内运送毒品的，不宜认定为运输毒品罪。对于在两个城市之间运送毒品的，一般可以认定为运输毒品罪。

如果以牟利为目的，是否还要考虑距离问题？上述参考案例中并未说明。结合从严从重打击毒品犯罪的形势，笔者认为，凡是以牟利为目的的运输毒品，不管距离远近，可以认定为运输毒品罪的。也就是说，将毒品从楼上"运输"到楼下，只要促进了毒品的流转与扩散，仍可能构成运输毒品罪。相反，如果被告人客观上虽有促使毒品发生物理位移的行为，但是并没有促使毒品流转、扩散的主观故意，则不构成运输毒品罪。

作者：关欣

有效辩护难度大，如何做好毒品案件辩护

毒品案件有效辩护难度很大，如何才能做好毒品案件辩护呢？

一、了解毒品案件的证据体系

毒品案件核心证据要素就是毒品。警察围绕毒品展开侦查，控方围绕毒品展开指控，法官围绕毒品展开审查，被告人及其辩护人围绕毒品展开辩护。

毒品案件证据要素一是人。犯罪嫌疑人就毒品走私、贩卖、运输、制造等犯罪行为相互联络磋商；嫌疑人被抓获后，就会形成一系列口供、辨认笔录、签认照片等；口供是直接证据，可以记录整个事件发生的来龙去脉，其他证据可以与口供相互印证。如果是死刑案件，必须有同步讯问录音录像。

毒品案件证据要素二是车。车包括摩托车、小车、货车、大客车、高铁等，毒品需要交通工具运输到下一个毒品流通环节；有车就会形成车辆行驶轨迹、卡口照片、监控视频等；这些证据可以间接印证毒品犯罪事实。

毒品案件证据要素三是手机。犯罪嫌疑人之间多通过手机相互联系，个别情况下用对讲机。当然他们之间通过暗语、隐晦的文字联系，有时经常更换手机卡和手机。但只要使用了手机，就会有手机通话记录、基站信息、手机电子数据提取报告和手机轨迹。这些证据也可以印证毒品犯罪事实。

毒品案件证据要素四是银行卡。有毒品交易就会有毒资支付，犯罪嫌疑人之间有时借助银行卡转账支付，有时可以通过手机银行、微信、支付宝支付。当然，大宗毒品交易往往是提着巨额现金进行交易的。无论是通过手机银行、微信、支付宝，还是通过银行柜台转账、自动存取款机转账，均会有相应的银行流水单展现出当时的交易信息。这些证据也可以印证毒品犯罪事实。

另外，办案人员必须按照《中华人民共和国刑事诉讼法》的规定依法侦查，于是，就会产生一些书面证据。比如，受理报警登记表、受案登记表、立案决定书、破案报告书、抓获经过记录；又比如，查获某项物证时，还会产生现场勘验报告、搜查证、搜查笔录、扣押决定书、扣押笔录、扣押清单；如果查获的是毒品，还会有提取笔录、称量取样笔录和鉴定文书等。

了解毒品案件证据体系的优点是，辩护人知道哪些证据办案人员没有附卷，或者没有搜集。

二、如何审查毒品案件证据

（一）关于立案材料

毒品犯罪的特点决定了大多数毒品案件均是办案人员先抓获犯罪嫌疑人，查获了毒品、毒资后，办案人员才呈批立案。办案人员先搜查、扣押、称量取样，后立案的做法违反了《中华人民共和国刑事诉讼法》第一百一十五条关于"先立案、后侦查"的规定，导致取得的物证不具有合法性，但往往卷宗中相应文书会出现日期倒签的情况，这需要辩护律师细心查阅。

（二）关于称量取样材料

1. 关于分组

办案人员在案发现场不同位置查获了不同的毒品，应当根据位置不同分不同的组；办案人员在同一位置查获了多个包装外观不同的毒品，应当根据不同的包装外观分不同的组；办案人员在同一位置查获了多个不同外观的毒品，应当根据不同的毒品外观分不同的组。

例如，办案人员从一个包裹里查获了××盒走私美国的化妆品，每盒××袋，均是用化妆品面膜伪装的冰毒，共计××袋，办案人员随机抽取××袋抽样送检，剩余的毒品在控制下交付去了美国。辩护人指出××盒面膜中××盒是蓝色外观，××盒是黄色外观，办案人员应当根据包装外观不同分两组，每组取××个检材送检，但事实上，办案人员少取了××个检材，导致有一半化妆品无法认定是毒品。由于疑似毒品去了美国，无法补充鉴定。

根据有利于被告人利益原则，应当作出有利于被告人的认定。

2. 关于称量时毒品混合问题

称量时，不同包装毒品不得混合，因为混合后就无法确定哪一包是毒品，哪一包不是毒品。

例如，办案人员在某出租屋里抓获了贩毒人员，缴获了××包疑似毒品，每包内有若干个红色小包装包着的白色块状物。称量时，办案人员将每包内的全部红色小包装拆开，将里面的白色块状物全部倒在托盘上，称出这包白色块状物的总重，然后取样送检，均检出海洛因成分。辩护人指出，办案人员称量时混合不同包装内的疑似毒品导致无法区分哪个红色小包装内的白色块状物是海洛因，哪个不是，且无法逆转。根据有利于被告人利益原则，应当作出有利于被告人的认定。

3. 关于电子天平的问题

毒品数量是称出来的，如果电子天平称量有问题，必定影响量刑。要看卷宗中是否有电子天平检定证书，如果没有，可以申请法院调取。有了电子天平检定证书，要认真核实称量取样笔录、称量照片、称量录像和检定证书，避免被张冠李戴，还要核实称量时间是否在检定证书有效期内及检定证书的有效期。有了检定证书，通过研究2008年《中华人民共和国国家计量检定规程（电子天平）》，可以知道电子天平的最小秤量是20d（d是实际分度值），低于最小秤量的毒品净重是不真实、不准确的。笔者遇到过办案人员用一台台秤（最大秤量是60千克，d是5克）称出一个疑似毒品净重为××克的数字。显然，净重为10克的数字低于该台秤最小秤量100克，××克的数字是不准确的，不应当采信。

（三）关于鉴定问题

鉴定文书极其重要，鉴定文书决定了被查获的物质是不是毒品，是什么毒品，含量是多少。当前毒品案件中鉴定文书基本上由各级公安司法鉴定中心出具，鉴定文书内容极其简单，不对样本做描述，不写鉴定过程，不写分析论述，不附具各种图谱。

1. 申请政府信息公开或者投诉

辩护人可以向国家认证认可监督管理委员会或者各省市场监督管理局申请政府信息公开，查询公安司法鉴定中心是否有CMA认证，查询鉴定文书中记载的方法是否在CMA的标准方法内。笔者办理过一起重大毒品死刑案件，某国家级公安司法鉴定中心使用的方法没有在CMA证书许可的方法内。委托人向国家认证认可监督管理委员会投诉该鉴定中心超范围鉴定，国家认证认可监督管理委员会回函不仅认定该鉴定中心使用的方法不在CMA证书内，而且认定该鉴定文书不具有对社会的证明作用。

有些鉴定文书使用的鉴定方法是公安内部文件，不对外公开，辩护人可以尝试向有关部门申请政府信息公开，索取该鉴定方法（标准）。

2. 提供相应的证据支持辩护观点

有些鉴定文书记载了使用甲基苯丙胺的国标却检出了海洛因的含量，但从鉴定文书内容上看，使用甲基苯丙胺的国标是检不出海洛因成分和含量的。辩护人不仅要向法官提供甲基苯丙胺国标、海洛因国标等证据，还要分析论述为什么检测不出来的原因以说服法官。

3. 找到实质性鉴定问题说服法官，可以申请鉴定人出庭，申请调取鉴定内档。

其他证据不再一一赘述。总之，辩护人应熟悉法律法规，认识毒品案件证据体系，多办毒案，挖掘毒品案件证据实质性瑕疵，同时注意证据外的信息和情报，更好地维护当事人合法权益。

作者：王红兵

毒品死刑案件：区别对待原则的适用

在被告人众多的毒品死刑案件中，辩护人有效运用区别对待原则，从毒品数量、犯罪性质、犯罪情节、危害后果、被告人主观恶性、人身危险性等角度找出委托人地位作用低于其他被告人，则委托人就有可能减轻量刑。

笔者通过案例具体阐述，在毒品死刑案件中辩护人如何运用区别对待原则为委托人争取有利的判罚。

在某毒品死刑案件中，一审法院、二审法院均以贩卖毒品罪判处被告人刘某某、凌某某死刑，最高人民法院核准刘某某死刑，却改判凌某某死缓。

原因是一审法院、二审法院均认为被告人刘某某、凌某某在共同犯罪中起组织、指挥作用，均系主犯，依法应当按照其所组织、指挥的全部犯罪处罚；刘某某、凌某某贩卖毒品数量巨大，情节恶劣，罪行极其严重，社会危害性极大，故判处死刑。

最高人民法院认为：第一，从出资情况看，刘某某供述两人系共同出资，但凌某某始终否认其出资，且刘某某也称一直没有分红，公安机关出具的情况说明称无法获取更多证据证实刘某某、凌某某共同出资，故认定凌某某出资证据不够充分。第二，从财产情况对比来看，刘某某有房有车；而凌某某没房没车，要租房住。第三，从毒品下线供述来看，一开始，凌某某是跟着刘某某贩毒的。第四，从前科对比来看，刘某某是毒品再犯和累犯，而凌某某没有前科。

最高人民法院认为，在同一起犯罪中，在判处地位、作用更大的刘某某死刑立即执行的基础上，对同案犯凌某某判处死刑，可不立即执行。最高人民法院在本案判决中适用了一项重要原则——区别对待原则。区别对待原则在毒品犯罪死刑案件中经常被毒辩律师使用，目的就是让委托人在判决书中的排名尽量靠后。运用区别对待原则考虑的因素很多，辩护人要穷尽一切可能提出尽可能多的比对点，说服法官，其他主犯地位作用要比委托人大，从而实现将委托人排名后移达到保命目的。

在重大毒品死刑案件中，适用区别对待原则主要对比因素如下：①毒品权属比较：同一起毒品犯罪案件中，毒品属于张某某的，张某某量刑就会重；毒品不属于李某某的，李某某量刑就会较轻，所以经常会出现每一名被告人都说毒品不是自己的。②毒品数量比较：毒品数量决定量刑，数量越大，量刑就会越重，所以应注意区分毒品数量大小。在同一起运输毒品案件中，张某某和李某某携带海洛因数量不同，虽然是共同犯罪，但量刑还是有区别的。③出资多少和分红多少比较：通常情况下，毒品犯罪案件中被告人出资、分红比例越大，对其量刑就会越重。没有出资或者出资明显少，分红比例小，对其量刑就会较轻。④前科情况比较：通常情况下，毒品再犯相对于累犯，在毒品犯罪案件中，量刑会较重；当共同犯罪人均是毒品再犯或者累犯时，也可以比较前科的罪名、刑期长短，达到区别量刑的效果。⑤毒品犯罪次数比较：毒品犯罪次数越多，行为人主观恶性、人身危险性和社会危害性会越重，量刑就会越重；反之就会较轻。⑥雇佣关系比较：在毒品犯罪案件中，组织、指挥毒品犯罪的人员地位作用明显比具体实施人员大。如有确实充分的证据证明系被雇佣从事毒品犯罪活动，比如，受雇佣运输毒品，受雇佣送货。即使毒品数量巨大，保命机会也是很大的。⑦积极性和主动性比较：在毒品共同犯罪死刑案件中，当两名被告人地位作用相当，必须判处其中一名被告人死刑时，积极性和主动性较强的被告人被判处死刑的概率就较大。不过，在毒品数量巨大的单人单案毒品犯罪案件中，区别对待原则无法适用，这类案件辩护难度极大。

综上所述，在重大毒品犯罪案件中，辩护人充分适用区别对待原则进行辩护可以起到很好的辩护效果，其大背景是我国减少死刑，控制死刑、慎用死刑的死刑政策。

作者：王红兵

重大毒品案件：
既要数量辩护，也要情节辩护

毒品数量和犯罪情节决定着被告人的量刑；在同等毒品数量情况下，同一案件不同的被告人因情节不同，量刑可以有明显差别。

一、毒品数量相同，犯罪情节不同，量刑不同

在毒品数量相同情况下，被告人犯罪情节不同，其量刑也有区别。辩护人应注重量刑辩护。

在2017年10月广东省A市的一起案件中，被告人张某某和李某某开着一辆宝马车从福建省福州市到A市购买冰毒。得手后，他们在返回福州市的某高速路服务区被抓获，办案人员在宝马车内查获××克冰毒。一审法院以运输毒品罪判处被告人张某某无期徒刑，判处被告人李某某4年有期徒刑。被告人张某某在本案中始终认罪，被告人李某某在本案中始终不认罪。笔者认为在本案中两人的犯罪情节对他们的量刑发挥了重要作用。

第一，被告人张某某是毒品再犯，属于法定从重处罚量刑情节，而被告人李某某没有前科。第二，被告人张某某不仅是出资方，还直接参与了购买冰毒的具体犯罪行为，而被告人李某某仅是开车，既没有出资，也没有参与购买冰毒。第三，公诉人当庭认定被告人李某某是从犯。而从犯是法定从轻或者减轻处罚的量刑情节。第四，关于被告人李某某是否明知运输毒品的事实，被告人张某某和其他同案犯供述不稳定，进一步削弱了被告人李某某主观明知毒品的证明力。第五，直接证明被告人李某某明知毒品的客观性证据缺失，促使法院减轻处罚被告人李某某。

上述案例说明，在同等毒品数量情况下，同一案件不同的被告人因情节不同，量刑有较大区别。故辩护人既要重视毒品数量的辩护，也要重视情节的辩护。

二、毒品数量往往决定着被告人的量刑

毒品数量往往决定着被告人量刑，辩护人应当重视毒品数量的辩护。根据《中华人民共和国刑法》第三百四十七条第三款、第四款的规定，可以看出，临界点的毒品数量就是红线，毒品数量达到红线以上，主犯量刑就下不来。

案例1为一起零包贩毒案，被告人虽然有多次犯罪前科，但由于其贩毒数量少，且仅有一次被抓，故法院对其量刑偏轻。被告人马某某因贩卖××克海洛因被抓获，现场查获××克海洛因和相应毒赃。被告人马某某对其该次贩毒行为供认不讳，一审法院判处被告人马某某一年有期徒刑。笔者注意到，本案之前马某某因毒品犯罪先后五次被多个法院定罪判刑，每次均是因为贩卖不足××克毒品被判处几个月至一年的有期徒刑，还因为吸毒多次被强制隔离戒毒或者被拘留，可以说被告人马某某多数时间是在羁押场所度过的，可见被告人马某某主观恶性不可谓不深，人身危险性不可谓不大，但限于其涉案毒品数量少，法院无法在法定刑以上对被告人马某某予以重判。

案例2为大宗贩毒案件，被告人赵某某2019年5月因贩卖××克海洛因被抓，现场查获该毒品和相应毒赃。笔者注意到在四个月前被告人赵某某因贩卖海洛因××克被抓，但因身体不适合羁押被取保候审。本案发生在被告人赵某某取保候审期间。本案之前被告人赵某某因毒品犯罪先后3次被定罪判刑。被告人赵某某本案贩卖毒品数量超过了××克，且具有多个可从重处罚情节，判处其无期徒刑应该是没有问题的，但事实是一审法院仅判处被告人赵某某15年有期徒刑。笔者分析，主要原因还是毒品数量没有达到或者接近法院内部掌握的判处无期徒刑的数量标准，虽然其情节非常恶劣。

案例3中，A市卓某甲和卓某乙开车携带××克冰毒到B市找江某丙贩

卖，三人在江某丙的家中交易时被办案人员当场抓获，当场缴获了××克冰毒，并在江某丙的家中另外搜出××克冰毒。笔者注意到，卓某甲和江某丙均没有任何前科，但一审法院、二审法院均判处卓某甲、江某丙死刑。二审法院给出的理由就是毒品数量太大。这说明毒品数量决定着被告人的量刑，有时候情节无法在量刑中发挥影响性作用。

2008年《全国部分法院审理毒品犯罪案件工作座谈会纪要》中最高人民法院对死刑适用问题的阐述：对虽然已达到实际掌握的判处死刑的毒品数量标准，但是具有法定、酌定从宽处罚情节的被告人，可以不判处死刑；反之，对毒品数量接近实际掌握的判处死刑的数量标准，但具有从重处罚情节的被告人，也可以判处死刑。这进一步印证了毒品数量对刑罚的重要性。当然，该纪要还规定，毒品数量是毒品犯罪案件量刑的重要情节，但不是唯一情节。对被告人量刑时，特别是在考虑被告人是否适用死刑时，应当综合考虑毒品数量、犯罪情节、危害后果、被告人的主观恶性、人身危险性以及当地禁毒形势等各种因素，做到区别对待。但无论如何，数量和情节对毒品犯罪被告人量刑有举足轻重的作用。

综上所述，毒品数量决定着量刑，数量越大，量刑越重。但辩护人仅从毒品数量辩护还不够，还应当重视情节辩护。有效的情节辩护可以抵消毒品数量大的负面影响。

作者：王红兵

制毒物品犯罪和毒品犯罪的区别

没有制毒物品就不会有毒品，没有毒品也不会有制毒物品。制毒物品和毒品均是国家管制的对象，两者有什么区别呢？毒品是人类公害，禁毒工作关系国家安危、民族兴衰和人民福祉。国家对毒品予以列管，分别制定了《精神药品品种目录》《麻醉药品品种目录》《非药用类麻醉药品和精神药品管制品种增补目录》等，这些目录明确规定非经许可，走私、贩卖、运输、制造、持有、容留毒品的行为均可构成毒品犯罪。顾名思义，制毒物品是指可以用来制造毒品的物品。为了防范制毒物品流入制毒领域，我国对制毒物品实行分类管理和许可制度，将制毒物品分为三类，第一类是制毒主要原料，第二类、第三类是制毒的化学配剂。未经许可，不得生产、买卖、运输制毒物品；不得走私制毒物品。

简单来说，判断一种化学品是否为毒品或者制毒物品，就看它是否被列管。如果列管目录中没有该化学品名称，则其不是毒品或者制毒物品，反之亦然。比如，笑气（又名一氧化二氮）严重损害人的健康，笑气经常被青少年用来娱乐，寻求刺激，但由于笑气没有被国家列管，故不能以毒品犯罪或者制毒物品犯罪为由追究他们的刑事责任。

那么，制毒物品犯罪和毒品犯罪有哪些区别？

第一，制毒物品犯罪中没有非法持有制毒物品罪。在家里、身上、行李内搜出数量较大的麻黄素、1-苯基-2-丙酮等制毒物品，办案单位不能以所谓的非法持有制毒物品罪刑事拘留行为人。但毒品犯罪完全不同，非法持有毒品罪是兜底条款，在无法证明走私、贩卖、运输、制造毒品行为时，办案单位可以适用非法持有毒品罪刑事拘留犯罪嫌疑人，该罪最高可以判处无期徒刑。

第二，制毒物品犯罪中也没有容留他人吸食制毒物品罪。显然，制毒物品不能用来直接吸食的，故不需规定容留他人吸食制毒物品罪。而毒品不同，毒品完全可以多人同时吸食，故《中华人民共和国刑法》规定了容留他人吸毒罪，该罪最高刑罚是3年。

第三，制毒物品犯罪和毒品犯罪刑罚差别很大。制毒物品犯罪最高刑罚是有期徒刑，数罪并罚最高可达25年有期徒刑，而毒品犯罪最高刑罚是死刑，无期徒刑、死刑缓期2年执行也是重大毒品犯罪案件中常见的刑罚。

第四，制毒物品犯罪理论和毒品犯罪理论差别较大。制毒物品犯罪理论可以适用刑法理论，而毒品犯罪理论特殊，表现如下：①在犯罪既遂上，以贩卖为目的买到毒品即构成贩卖毒品罪既遂；将目的地为国外的藏有毒品的包裹交付给快递公司即可认定为走私毒品罪既遂；目的地为另外一个城市的藏有毒品的汽车行驶一段距离，哪怕仅几米，就可以认定为运输毒品罪既遂。国家没有出台专门的司法解释规范制毒物品犯罪，完全可以适用刑法犯罪既遂理论辩护制毒物品犯罪。②抓获贩毒人员后，在其车上、住处搜出的毒品原则上也认定为其贩卖毒品的数量。而非法买卖制毒物品罪没有类似规定。不能说查获了交易的制毒物品××克，在卖家工厂又查获了××克制毒物品，这××克也认定为非法买卖制毒物品罪中的数量。控方需要提供充分证据证明，否则不能认定这××克也是非法买卖制毒物品罪中的制毒物品数量。

第五，制毒物品犯罪入罪门槛有数量要求，而毒品犯罪大多数罪名没有数量要求。非法生产、买卖、运输制毒物品罪、走私制毒物品罪，制毒物品数量达到一定标准才构成本罪；走私、贩卖、运输、制造毒品罪、容留他人吸毒罪均没有规定毒品数量；窝藏、转移、隐瞒毒品罪也没有规定毒品数量。

第六，含量和纯度折算问题。制毒物品犯罪量刑和制毒物品数量有关联，和毒品含量没有关联。制毒物品一般不检测含量，但如果有证据证明查获的疑似制毒物品中有其他物质，可以要求剔除其他物质的数量，因为其他物质不是列管的制毒物品。例如，麻黄碱类复方制剂不是列管的制毒物品，但其中的麻黄素是列管许可的制毒物品，这种情况应当剔除非制毒物品物质，要么按照说明书或者标签计算麻黄素数量，要么检测麻黄素含量，根据含量计算麻黄素数量。

毒品犯罪的毒品数量是按照查获的毒品数量计算，不检测毒品含量，不以纯度折算，另有规定的除外，比如死刑案件、大量掺假案件、液态毒品或者固液混合毒品案件、新型毒品且可能判处7年以上的毒品案件等，这类案件必须做含量检测，但不以纯度折算。还有一类案件必须按照含量计算毒品数量，即查获的毒品是正规药厂生产的药品制剂，比如止咳水、美沙酮、吗啡等，这类案件药品不仅有毒品成分，还有辅助剂之类的非毒品成分，司法解释规定应当按照毒品成分的含量计算毒品数量。

综上所述，制毒物品犯罪和毒品犯罪区别表现在罪名不同、刑罚不同、相应理论不同等，辩护律师可以找出这些不同，在可能的情况下，将毒品犯罪辩为制毒物品犯罪，把刑罚降下来。

作者：王红兵

制毒刑事案件的有效辩护

随着近年国家对毒品源头犯罪也就是制毒犯罪的严厉打击，制毒刑事案件量有所减少，但是毒品制造的案件仍然频发。笔者作为专业的毒品犯罪辩护律师，不仅参与了贩卖毒品、运输毒品、非法持有毒品的辩护，还参与了多起制毒案件的辩护。

一、从制毒原料的角度进行辩护

在笔者办理的一起制毒案件中，一审法院认定本案的制毒物品是麻黄碱，又称麻黄素。其实麻黄碱也是药物，我们平常听说的康泰克等常见药品中就有麻黄碱，在国家对康泰克等药品严管前，很多制毒者就是从康泰克中提取麻黄素，用于制造冰毒甲基苯丙胺的。随着国家对毒品犯罪的严厉打击，现在购买含有麻黄素的药品，都需要身份登记，且有数量限制，其目的是防止合法药品成为制造毒品的原料。

回到前面提及的案例，本案告破时，各犯罪行为人正在制造冰毒，且已制出不少成品。由于制毒的原料已经作为化学反应物，参与化学反应变成了毒品，所以侦查人员没有也不可能对本次制毒的原料进行提取检材、送检鉴定。因此，一审法院对本案制毒原料的认定，主要根据各被告人供述的"熟麻"，认定制毒原料是麻黄碱。

但是笔者案例检索发现，多篇裁判文书中提及"熟麻"是氯代麻黄素，而非麻黄素，因此笔者初步断定一审法院认定制毒原料是麻黄素，是错误的，真正的制毒原料应当是氯代麻黄素。

其后，笔者又查阅了某些禁毒学术研究机构撰写的专业论文，根据这些论文中的研究结果,结合本案的其他制毒原料有氢气,制毒工具有高度密封的钢罐,且各被告人相互印证的供述称本次制毒只经历了一个化学反应步骤,笔者更加确信本案的真正制毒原料应当是氯代麻黄素,而非麻黄素。因为麻黄素作为原料,转变成冰毒甲基苯丙胺要经过两个化学反应步骤,而本案只有一个化学反应步骤,与以氯代麻黄素作为原料刚好相符。

笔者是本案中提供制毒原料的被告人的辩护律师,而本案唯一出现氯代麻黄素的房间并不属于笔者的委托人,而是另有其人,因此笔者提出了无罪辩护,认为根据在案证据,综合化学反应的推导,本案制毒原料是氯代麻黄素,而从笔者的委托人的车、房、身上均未查获氯代麻黄素实物,反而在另外一个被告人处查获,因此不排除制毒原料是另外一名被告人提供的可能性。

二审法院作出裁定,维持了一审判决。虽然二审法院并未采纳笔者的辩护观点,但是笔者提出的辩护意见的确在庭审时,让控辩审三方眼前一亮。此外,笔者认为二审对制毒原料的认定,仍有错误。

二、从制毒工具的角度进行辩护

笔者办理的另外一起制毒案件,一审法院认定笔者的委托人林某,在另外一名被告人的家里制毒。提供制毒场所并制毒的被告人及同伙,在制毒时被当场抓获,后被判刑。笔者的委托人当时并不在现场,因此并没有被抓获,而是隔了几年才被抓获,此时提供制毒场所的同案人已经被判刑并在监狱服刑。

笔者代理本案的二审,在会见委托人时,委托人极其不配合,他对原辩护律师表示强烈不满,对法院的判决表示强烈不服。委托人的反常态度,反而引起了笔者的兴趣,难道对于制毒,他真的是无罪的?他的反常,也让笔者坚持一定要将本案代理下去。

经过与被告人详细、耐心的沟通,笔者了解到,委托人从抓捕归案,经历一审,上诉后发回重审,到本次二审,他已被羁押5年多的时间。根据会见情况,以及案卷证据材料,笔者发现,本案疑点众多,完全具备无罪辩护的空间。

笔者的委托人林某与另外一伙人，同时在一个人的家里制毒，这本身就不符合常理。第一，分别制毒成本更高，他们为何不合伙制毒？第二，制毒毕竟是犯罪行为，应当尽量避免他人知晓，因此，笔者的委托人很可能没有在此制毒。

同时，根据在案的证据以及一审法院的认定，另外一伙人（已判刑且到监狱服刑）在一楼制毒，笔者的委托人在二楼制毒，但是二楼查获的制毒工具只有抽滤漏斗和玻璃容器，没有其他的制毒工具，也没有制毒原料，更没有已经制出的毒品。

据此，笔者提出辩护意见称，没有指纹、DNA 等生物检材能够证明当事人接触过抽滤漏斗和玻璃容器，当事人也没有在制毒现场被抓获，仅凭已判刑的同案人相互矛盾的供述，不能认定制毒工具抽滤漏斗和玻璃容器属于笔者的委托人。并且即使抽滤漏斗和玻璃容器属于笔者的委托人，但是由于本案缺乏最关键的制毒工具——耐高压力的钢罐反应釜，笔者的委托人不可能制造出冰毒。因此，在缺乏关键设备反应釜的情况下，对林某制毒的认定明显是不能成立的

二审庭审时，检察员当庭认可辩护人的意见。之后，二审法院作出裁定，再次将本案发回重审，原因是检察院补充了妨害公务罪的罪名，因为被告人在被抓捕时，持枪拒捕。后来，笔者联系林某的家人，案件再一次发回重审后，林某就被释放回家了。本案被告人已经累计羁押超过 5 年，如果直接改判制毒无罪，那么将面临国家赔偿。补充起诉妨害公务罪，也可能是司法机关避免国家赔偿的权宜之计（林某在被抓捕时曾开枪拒捕）。

三、专业的毒辩律师应当具有"专业的思维"

"专业的思维"要求毒辩律师除了应当了解制毒原理（化学知识），还应当通过办理大量的毒品案件，了解制毒者的话语体系，最终实现精准辩护、颠覆性辩护。

如何了解化学知识，了解制毒者的话语体系，笔者的经验如下：

（一）通过论文，学习制毒的化学原理

1. 为了更好地禁毒，学者专家会发表相关论文。

中国人民公安大学、中国刑事警察学院等毒品刑事案件的学者专家，为了更好地开展禁毒工作，会将部分研究成果、缉毒中的经验，以论文的形式发表，目的是提高禁毒工作人员相关的知识，更好地开展禁毒工作。这些论文是合法、公开发表的，也能为我们毒辩律师所用。

2. 将论文资料提交给法官，用专家的权威，为律师的辩护意见背书。

制毒知识属于化学知识。律师辩护要从专业角度出发说服法官。所以，毒辩律师的首要工作，是让法官相信我们基于化学知识的辩护意见是正确的。因此，将相关学者撰写的论文资料提交给法官，是最具可行性的方案。当然，毒辩律师也可以申请专家证人出庭作证。

3. 如何检索、免费下载论文。

百度学术、谷歌学术都是不错的论文检索平台，检索是免费的，如果想下载论文，会自动跳转到专业的数据库（收费）。又如中国知网、万方，都是不错的论文数据库，检索是免费，下载是收费的。比较大型的图书馆（如广州市图书馆）可能购买了论文数据库，可以登录图书馆官方网站进入论文数据库，免费查阅下载论文。

（二）多办案件，了解对方的话语体系

制毒者通常都没有受过系统的化学知识训练，他们只知道怎么制毒，不知道制毒原理，也不知道制毒原料的化学名称。

比如，制毒者不会用麻黄素、氯代麻黄素去区分这两种制造冰毒的制毒原料。他们通常用生麻、熟麻去区分。在笔者办理的另外一起发生在陆丰的非法买卖制毒物品案件中，卖家从广西运输制毒原料前往陆丰交付的过程中，尚未抵达约定的交易地点，制毒原料就被警察查扣了，经鉴定制毒原料是氯代麻黄素。

笔者根据被告人供述的"青料"，进一步检索裁判文书发现，青料原来是麻黄素。笔者据此提出辩护意见，被告人计划购买的是青料（麻黄素），卖家提供的却是氯代麻黄素，即使本案未被公安机关及时查获，交易也不一定能完成，因为卖方的供货物品是错的，因此本案应当认定为犯罪未遂。

作者：关欣

毒案死刑复核五大"免死密码"

目前,我国死刑判决中,毒品犯罪案件占到绝大多数。因涉案毒品数量通常较大,贩卖、运输毒品等上下游链条较长,经常出现一案中有一人或多人被判处死刑的情形。

我们知道,刑事案件二审改判都非常难,死刑复核想改变结果更是难于上青天。但这不意味着没有机会。只要善于发现,即使一审法院判处死刑、二审法院维持原判,如果提出有效辩护,在最高法死刑复核的最后关头,仍然有机会实现"刀下留人"。

那么,除毒品数量、毒品含量、特情引诱、重大立功等常见毒品犯罪的保命辩点外,毒品案件死刑复核常用的免死"密码"有哪些?笔者现结合经办的苏某某参与贩卖、运输毒品死刑复核案,结合自身多年办案经验及查阅最高人民法院毒品案件死刑复核判例,谈谈毒品案件死刑复核五大"免死密码"。

密码一:从犯地位

全国法院毒品犯罪审判工作座谈会纪要规定,一起毒品案件除有毒品数量过大等特别严重情节外,一般只对其中罪责最大的一名主犯判处死刑。因此,在毒品共同犯罪辩护中,正确区分主犯和从犯,是当事人生死攸关的问题。而区分主犯和从犯,应当以各共同犯罪人在毒品共同犯罪中的地位和作用为根据。

案例1:苏某某贩运、运输毒品案

2014年2月至6月间,刘某某多次通过广州市的苏某某经张某某、江某某（同案被告人均已判刑）向陈某某或他人购买甲基苯丙胺及其片剂等，张某某、江某某将购得的毒品交由苏某某通过长途客车运输至湖南省岳阳市交给刘某某以及同案鲁某某（已判刑）予以贩卖。其中，苏某某贩卖、运输甲基苯丙胺××克、甲基苯丙胺片剂××克、××克。

一审法院于 2017 年 5 月 11 日判决苏某某贩卖、运输毒品罪，判处死刑立即执行，二审法院于 2018 年 11 月裁定维持原判。面对两级法院均判处死刑立即执行的结果，被告人苏某某和其家属以为自此可能阴阳两隔。

笔者接受委托后，经详细查阅案卷后提出：苏某某在本案中处于从犯地位，侦查机关在搜查、扣押、称重过程中存在程序不合法，导致查获毒品与样品同一性存疑等辩护意见。最高人民法院合议庭经依法审理，采纳了笔者提出的苏某某处于从犯地位的意见，认定苏某某受指使参与犯罪，罪责相对较小，判处死刑可不立即执行。

2020 年 6 月 10 日，最高人民法院作出复核判决如下：未核准苏某某死刑，改判苏某某死刑，缓期 2 年执行。

密码二：同案犯在逃，难以分清罪责大小

在毒品共同犯罪中，若同案犯在逃，已到案的共犯人极可能争取到不予核准死刑的结果。因为，在案被告人与未到案共同犯罪人的罪责大小难以准确区分认定，进而难以准确适用死刑，故不应对在案被告人判处死刑。

最高人民法院在把握同案犯在逃的毒品共同犯罪案件死刑适用时，规定了 3 种情形：

第一，在案被告人与未到案共同犯罪人均属罪行极其严重的，共同犯罪人到案与否不影响对在案被告人适用死刑的，可以依法判处在案被告人死刑。

第二，在案被告人的罪行不足以判处死刑，或者未到案共同犯罪人到案后从全案量刑平衡的角度考虑，只判处该共同犯罪人死刑的，不得因共同犯罪人未到案而对在案被告人升格适用死刑。

第三，因共同犯罪人未到案，影响对在案被告人的罪责认定，进而影响准确适用死刑的，不能对在案被告人判处死刑。

案例2：宋某某运输毒品案

最高人民法院于2006年6月23日以刑事判决显示，被告人宋某某、叶某某（已被判处死刑，缓期2年执行）、杨某（在逃）预谋运送海洛因到福建省。2005年1月20日，3人携带一内藏有××包海洛因的深蓝色长方形行李包，乘坐客车从四川省出发，于同月23日晚10时许抵达福建省石狮市。后3人转乘出租车欲将上述毒品运往福州市，途经泉州市接受例行检查时，宋某某、叶某某被公安人员抓获，杨某某逃脱。公安人员当场查扣海洛因共计××克。

福建省泉州市中级人民法院于2005年9月26日作出刑事判决，认定被告人宋某某运输毒品数量大，且系累犯，在共同犯罪中，宋某某、叶某某没有明显的主次之分，不易区分主从犯，故判处死刑立即执行。福建省高级人民法院二审维持原判。

最高人民法院复核后，于2006年6月23日作出刑事判决，认定被告人宋某某构成运输毒品罪，且运输毒品数量大，又系累犯，应依法惩处。但根据现有证据，不能证明被告人宋某某在共同犯罪中的作用大于同案犯叶某某，对被告人宋某某判处死刑，可不立即执行，依法改判死缓。

密码三：毒品交易在侦查人员主导、控制之下

最高人民法院刑五庭原庭长高贵君在介绍毒品犯罪案件死刑适用问题时表示，在特情引诱下毒品的数量才达到或者超过死刑数量标准的，一般不予核准死刑。由此可见，如果毒品犯罪全程都在侦查机关主导、控制之下，更有不予核准死刑的可能。

案例3：林某某走私、贩卖毒品案

最高人民法院刑事判决认定：

公安机关根据被告人杨某某提供的线索，并与被告人林某某取得联系后，由江某前往广州市同林某某接洽交易毒品。2014年5月2日19时许，林某某与严某某在广州市某商务宾馆113室贩卖毒品时被抓获。经鉴定：从某商务宾馆113室查获白色晶体××袋（净重××克）中检出甲基苯丙胺成分，含

量××%；从林某某住所客厅茶几底层查获白色晶体××袋（净重××克）中检出甲基苯丙胺成分，含量为××%，从其他地方查获毒品若干。

前期经杨某某同被告人谭某某多次联系，并支付毒资后，2014年5月2日，谭某某将毒品以托运方式从广州市运至乌鲁木齐市，5月10日，毒品到达乌鲁木齐市。警方从货物中查获白色晶体××袋，净重××克，从中检出甲基苯丙胺成分，含量为××%。2014年5月5日，谭某某被抓获，从其随身携带的挎包内搜获白色晶体××袋（净重××克，甲基苯丙胺含量××%）；白色块状物××袋（净重××克，检出海洛因成分）；褐色植物叶××袋（净重××克，检出大麻成分）。

本案一、二审两级人民法院均认定被告人林某某构成贩卖毒品罪，判处死刑，剥夺政治权利终身，并处没收个人全部财产；被告人谭某某触犯贩卖、运输毒品罪，判处死刑，剥夺政治权利终身，并处没收个人全部财产。

最高人民法院经复核认为，本案第一审判决、第二审裁定认定的事实清楚，证据确实、充分，定罪准确。审判程序合法。但根据本案的具体情况，对林某某、谭某某判处死刑，可不立即执行，不核准二人死刑，发回新疆维吾尔自治区高级人民法院重审。

新疆维吾尔自治区高级人民法院重审认为，本案存在杨某某为了立功主动联系林某某、谭某某的事实，毒品交易数量是杨某某提出的，整个毒品交易是在侦查人员主导、控制之下，毒品未流入社会，故对林某某、谭某某判处死刑，可不立即执行。

密码四：毒品未流入社会

在毒品犯罪中，买卖双方正在交易时，当场被抓获，毒品全部被缴获，该类犯罪所造成的危害，明显低于毒品"流入社会"流通的情形，为确保罪刑相适应原则，应当从轻处罚。如到死刑复核阶段，一般能够获得最高人民法院不予核准的支持。

案例4：傅某某贩卖、运输毒品案

最高人民法院于2017年1月22日作出刑事裁定，认定被告人傅某某在本案的具体情况及其归案后认罪态度好，不宜判处死刑立即执行。发回重审后，江西省新余市中级人民法院、江西省高级人民法院对傅某某判处死刑，缓期2年执行，剥夺政治权利终身，并处没收个人全部财产。

江西省两级人民法院经审理查明：2013年3月，新余市的吴某（同案被告人，已判刑）向傅某某提出购买毒品，傅某某表示同意。同年4月24日上午，傅某某打电话让吴某准备××元毒资，后驾车从吉安市携带毒品来到新余市，入住该市某宾馆801房间。随后，吴某依约到该房间与傅某某谈毒品交易。双方正准备交易时，公安人员突入房间将傅某某、吴某抓获，除查获吴某的毒资、毒品外，还在傅某某停放在宾馆附近的轿车内缴获两袋甲基苯丙胺，分别净重××克和××克，及一袋甲基苯丙胺片剂，净重××克。

一、二审两级人民法院认定被告人傅某某贩卖、运输毒品共计××克，且系累犯，判处死刑，缓期两年执行。

密码五：有家庭成员被判死刑

为构建和谐社会，体现人道主义精神，最高人民法院在死刑复核时还应掌握一个原则：几个家庭成员共同实施恶性犯罪的，一般不会都判处死刑。这一原则的适用不仅包括毒品犯罪案件，还包括抢劫、故意杀人等案件。因此，家庭成员共同实施毒品犯罪的，其中罪行相对较轻的人，一般不判处死刑，法官会酌情考虑。

案例5：江苏兄弟贩毒案

近年来，江苏省兄弟二人共同参与毒品犯罪案件，最高人民法院最后只判决弟弟死刑立即执行，因为哥哥是按照弟弟的指派负责接毒品、安排人运走毒品，数量达到××克。按法律规定，贩卖毒品××克，被判处死刑都是没有问题的。尽管是居于第二号、第三号同案犯，判处死刑也是没有问题的。但是由于同案犯是兄弟二人，哥哥又是受弟弟指使，最终考虑到法理与人情，考虑到这个家庭及社会的接受度，就未将哥哥判处死刑。

作者：洪树涌　刘玉霞

从证据链视角谈有效辩护

从实务角度反思,涉毒案中被追诉人获不捕、不诉或无罪释放的具体情形很多,但其中最常见的情形应是在案证据链不完整,案件存在证据链中断的情形,或者是被追诉人涉案行为不符合毒品犯罪基本构成要件等。专业毒辩律师与非专业毒辩律师对具体涉毒个案的判断和分析的根本性区别是专业律师会从证据链视角去审视具体个案。

面对同样的卷宗材料及有罪指控,能否具备一双锐眼,发现案件背后或在案证据背后蕴含的无罪证据链,然后用恰当方式阐述清楚,是一般律师与专业律师的重要区别所在。

一、被追诉人主体不适格

从主体视角分析,能否通过在案证据及事实论证被追诉人是无辜者、案外人,而真正作案者另有其人?或者是单凭在案证据足以认定涉案毒品"真凶"早已潜逃,已归案被追诉人明显不适格。

二、涉毒行为明显是他人所为

根据在案证据和事实,办案机关无法论证出涉案毒品犯罪行为系被追诉人所为的唯一性结论。例如,被追诉人尽管有借车或借款行为,但涉案的毒品犯罪行为并非被追诉人所为,导致相关案件无法排除被追诉人主观上不知情,客观上其涉案行为与涉案毒品犯罪行为无关的合理怀疑。

在笔者经办的李某某涉嫌贩卖××克冰毒无罪案中,尽管被追诉人有在现场协助他人包装涉案物品,但因涉案毒品一直处于涉毒"真凶"陈某的实际控制之下,加上被追诉人李某某主观上不知晓,其涉案毒品犯罪行为属他人所为,致使此案无法论证出被追诉人李某某曾实施持有、贩卖或重新包装涉案毒品,或协助他人包装涉案毒品的结论。

三、在案证据能否证实被追诉人主观要件不符

在司法实务中,被追诉人因主观要件不符而获不捕释放、不诉释放或宣告无罪的涉案案例甚多,比较常见情形包括:被追诉人无犯意、无犯意联络、主观上不明知、无牟利或无实际获取利益、无有偿交易毒品主观故意等情形;反之,在案证据恰好证明被追诉人是被蒙骗的,在案证据无法证实其有实施毒品犯罪的犯罪行为意思表示、动机或目的,以及其涉案行为属于无偿赠送、共同吸食,从中没有获取收益或存在高额报酬许诺等涉毒情形,或者在案证据恰好证明被追诉人绝非明知毒品而走私、贩卖、运输、制造、持有涉案毒品,其涉案行为完全属于客观上被利用,主观上不明知的情形。

比如,我们办理的多起涉毒案件为何取得不捕释放的辩护效果?根源是被追诉人在整个涉案行为当中,不仅没有获取收益,反而从中蒙受巨额亏损,加上涉案毒品数量巨大,致使在案证据链恰好证明被追诉人主观要件不符。

四、在案证据链恰好证明被追诉人涉案行为与毒品犯罪无关

涉案侦控人员提交的毒品实物、现金物证、银行转账记录等在案证据目的是证明被追诉人涉案行为构成犯罪,而不能证明被追诉人涉案行为不构成犯罪的,但在实践中,辩护人经常发现无罪辩点,以论述出其他辩护人从未论述的无罪观点及背后对应的证据链。当然,有很多无罪证据或无罪事实藏匿在细节当中,并非所有的辩护律师都能发现,这是我们在办案过程的切身感悟。辩护律师应对控方证据有习惯性的质疑态度。这是刑事律师应有的职业品质。

作者:黄坚明

第二部分

案例解析

重大毒品案件的精细化辩护

【案情简介】

被告人彭某某伙同被告人陈某某、莫某某向他人购买毒品贩卖牟利。被告人彭某某负责出资,陈某某负责毒品货源,并将购得的毒品存放在某市莫某某的住处,当彭某某、陈某某和毒品买家商议好毒品交易事宜后,再由陈某某、莫某某送货交易,贩卖毒品所得款项由3人共同分用,检察院指控陈某某多次参与贩卖的毒品氯胺酮(俗称K粉)数量高达××克,亚甲基二氧甲基苯丙胺数量××克,二亚甲基双氧安非他明数量××克,甲基苯丙胺数量××克等。

【争议焦点】

由于本案涉案毒品数量大,贩卖毒品次数多,被告人陈某某构成贩卖毒品罪是否事实清楚、证据确实充分?是否应判处死刑立即执行?

一审法院认为,被告人陈某某构成贩卖毒品罪,涉案毒品数量大,应判处死刑立即执行,但是根据《办理毒品犯罪案件适用法律若干问题的意见》第四项的规定,可能判处死刑的毒品犯罪案件,毒品鉴定结论中应有含量鉴定的结论。但本案查获的毒品没有进行含量鉴定。因此,一审法院判决如下:被告人陈某某犯贩卖毒品罪,判处死刑缓期2年执行,剥夺政治权利终身,并处没收个人全部财产。

【律师评析】

某市中级人民法院开庭审理本案,控辩双方在法庭上展开激烈的辩论。

辩护人提出的关于本案查获的毒品保管链条不符合法律规定和涉案毒品没有进行含量鉴定的意见,理由如下:

指控被告人陈某某贩卖毒品给张某某事实不清,证据不足。

1. 现场勘查、提取、扣押、称重、取样程序违法。

(1) 张某某的现场勘验检查工作记录:勘验检查笔录记录的见证人系梁某某、黎某甲,但笔录记录上没有两个见证人的签名,也没有记录见证人身份证件种类、号码、联系方式等信息,不符合法定要求。根据最高人民法院、最高人民检察院、公安部制定的《办理毒品犯罪案件毒品提取、扣押、称量、取样和送检程序若干问题的规定》(以下简称《毒品案件若干规定》)第三十八条第一款规定:"毒品的提取、扣押、封装、称量、取样活动有见证人的,笔录材料中应当写明见证人的姓名、身份证件种类及号码和联系方式,并附其常住人口信息登记表等材料。"同时,现场勘验照片也没有反映查获毒品的具体位置、状态。

(2) 张某某的搜查笔录、扣押清单存疑。根据《毒品案件若干规定》第五条规定:"毒品的扣押应当在有犯罪嫌疑人在场并有见证人的情况下,由两名以上侦查人员执行。毒品的提取、扣押情况应当制作笔录,并当场开具扣押清单。笔录和扣押清单应当由侦查人员、犯罪嫌疑人和见证人签名。"但对张某某的两次搜查和扣押,两份搜查笔录中只记载了粟某某一个见证人,并且记录了没有其他在场人员,扣押清单上却出现两个见证人的签名:粟某某以及张某甲。辩护人有理由怀疑该见证的真实性。而且根据《毒品案件若干规定》第三十八条的规定笔录记录必须附上见证人的详细资料的,本案没有见证人的任何资料。

(3) 张某某相关的毒品提取笔录、称量笔录、称量录像没有附卷,违反了《毒品案件若干规定》第九条、第十三条、第二十条的规定,辩护人请求法院调取该部分证据进行核实。

(4) 现场查获的毒品和扣押清单不一致,无法确认称量取样的物品是否和扣押的一致,送检检材的编号、名称以及外观特征描述无法一一对应,具体列举如下:"化验检验报告"(1602号,陈某某A卷24页)检材:

①白色晶体××包，净重××克，塑料袋装，编为1号检材；②白色晶体××包，净重××克，塑料袋装，编为2号检材。但扣押的毒品没有编号也没有称量取样笔录，无法证明送检的毒品就是现场查获的毒品，即毒品的同一性存疑。

上述违反了《毒品案件若干规定》第七条的规定，"对查获的毒品应当按其独立最小包装逐一编号或者命名，并将毒品的编号、名称、数量、查获位置以及包装、颜色、形态等外观特征记录在笔录或者扣押清单中。在毒品的称量、取样、送检等环节，毒品的编号、名称以及对毒品外观特征的描述应当与笔录和扣押清单保持一致"。

2. 1602号"化验检验报告"不能作为定案的依据。

（1）无法确认鉴定机构和鉴定人具有合法资质。

根据《全国人民代表大会常务委员会关于司法鉴定管理问题的决定》（2015修正）第二条第一款前段规定，国家对从事物证类鉴定的鉴定人和鉴定机构实行登记管理制度。《公安机关鉴定机构登记管理办法》（2019修正）第八条第一款规定，"鉴定机构经登记管理部门核准登记，取得《鉴定机构资格证书》，方可进行鉴定工作"。《公安机关鉴定人登记管理办法》（2019修正）第八条规定："鉴定人经登记管理部门核准登记，取得《鉴定人资格证书》，方可从事鉴定工作。……"《最高人民法院关于适用〈中华人民共和国刑事诉讼法〉的解释》第九十八条规定，"鉴定意见具有下列情形之一的，不得作为定案的根据：（一）鉴定机构不具备法定资质，……；（二）鉴定人不具备法定资质，……；……"。本案的检验机关和检验人不具有法定的资质。公诉机关未附有检验机构的《鉴定机构资格证书》和鉴定人的《鉴定人资格证书》，无法证明鉴定机构和鉴定人具有可以进行毒品检验的合法资质，更无法确认作出鉴定意见的鉴定机构和鉴定人是否依照《全国人民代表大会常务委员会关于司法鉴定管理问题的决定》《公安机关鉴定机构登记管理办法》等规定在司法行政部门登记公告。因此，在无法确认鉴定机构和鉴定人具有合法资质的情况下，其所出具的鉴定文书不能作为定案的根据。

（2）鉴定人不具有鉴定人资质。

根据《全国人民代表大会常务委员会关于司法鉴定管理问题的决定》第四条前半段规定，具有与所申请从事的司法鉴定业务相关的高级专业技术职称可以申请从事司法鉴定业务。《公安机关鉴定人登记管理办法》第九条后半段规定，具有与所申请从事鉴定业务相关的高级专业技术职务资格可以申请从事司法鉴定业务。《最高人民法院关于适用〈中华人民共和国刑事诉讼法〉的解释》第九十八条前半段规定，鉴定机构、鉴定人不符合法定资质的，鉴定意见不能作为定案根据。

1602号"理化检验报告"无检验人的执业证号，缺少必要的签名、盖章，依法不能作为定案根据。根据《司法鉴定文书规范》对落款的要求，应由司法鉴定人签名或者盖章，并写明司法鉴定人的执业证号，同时加盖司法鉴定机构的司法鉴定专用章。同时要求司法鉴定文书正文标题下方编号处应当加盖司法鉴定机构的司法鉴定专用章钢印。

（3）1602号"理化检验报告"的送检材料、样本来源不明。

抓获张某某时所查获的疑似毒品物，未见有任何对应的称量、封装、送检笔录，未对疑似毒品进行标记，导致无法排除检材是否受到污染或者产生毒品与毒品之间的混同，甚至无法保证侦查机关所查获的物品与检材来源的同一性，从而致使1602号"理化检验报告"因检材来源不明而无法保证检验结果的准确性。在检材来源不明、鉴定资料严重欠缺的情况下，检验机构就进行检验，没有"受理鉴定登记表"、交接清单、称量笔录等记录毒品流转过程的资料，无法确定扣押时的毒品与送检的毒品具有同一性，导致无法确认该检验结论的准确性和唯一性。

（4）送检人身份不明。

根据《公安机关鉴定规则》的规定，送检人应当向鉴定机构提交证明身份的有效证件，且应当系熟悉案件情况的人员。但是，该检验报告无证明送检人林某某、刘某某二人身份的有效证件作为附件。本案送检人身份不明，不能排除鉴定对象与送检材料、样本不一致，故鉴定意见不能作为定案依据。

（5）1602号"理化检验报告"检验过程描述过于简单。

首先，未对化学检验、红外光谱检验、GC/MS检验有任何表述。其次，GC/MS测试对试剂量、样品量均有要求，GC/MS测试是以样品的图谱是否与标准品的图谱一致为标准判断样品是否为可卡因，而检验报告中未见相关图谱，亦未见针对性的对比过程，只直接表述质谱特征完全吻合，因而完全不具备质证条件。最后，在GC/MS测试中，内标物回收率是否在60%以上是能够得到可靠结果的标准，而检验报告中并未对此进行描述，不能确定该检验所得的结果符合标准。由于检验过程描述过于简单，无法对其检验过程进行质证分析，无法确定其检验过程是否准确科学，不能保证其结论正确。

（6）1602号"理化检验报告"毒品检验前后的质量没有变化，鉴定人存在漏检嫌疑。

毒品检材在检验之前，须经过质量称量。取样化验、出具鉴定意见后，鉴定人须将剩余毒品退回办案机关，作上交处理。无论是使用气相色谱－质谱联用分析法（GC/MS）进行毒品定性，还是使用外标法或内标法进行毒品定量，均需要使用溶剂溶解、消耗一定数量的检材（具体消耗数量以鉴定人试验记录为准），即毒品定性、定量检验均属于"有损"检验。由此，毒品在检验前和检验后的质量不可能一致。若前后质量一致，则鉴定人有漏检嫌疑或存在没有进行实质检验的可能，则1602号"理化检验报告"涉嫌造假。

（7）1602号"理化检验报告"毒品检验图谱没有附卷。

根据《公安机关物证鉴定规则》第四十五条，鉴定书的附件包括与鉴定有关的照片、图谱、图表或者复印件等说明材料。图谱由计算机系统自动生成。从图谱中可以看出鉴定人的检测顺序、添加检材的时间，是验证鉴定人检验过程是否规范的重要材料。

3. 对黎某某查获的毒品进行现场勘查、提取、扣押、称重、取样的程序涉嫌违法。

（1）对黎某某、李某某搜查、扣押工作的见证人是同一个人。根据现场勘验笔录记载，招某某的住址系某区某某路8号，其2016年7月2号先是前往位于某市某区某地方见证了对李某某的搜查扣押工作；7月3日又前往某区某地方71号501房进行见证，行程完全不符合常理，辩护人有合理理由怀疑招某某系办案单位的工作人员，属于依法不能担任见证人的范围。

（2）扣押的毒品没有编号，无法证明送检的毒品就是现场查获的毒品，即毒品的同一性存疑。本案违反了《毒品案件若干规定》第九条的规定。

（3）检材委托编号1-1、1-2、1-3的毒品疑似物，称量取样的同步录音录像，无法显示所称量毒品的外观特征、读数，犯罪嫌疑人也未对称量结果进行一一指认，不符合《毒品案件若干规定》第二十条关于称量取样录像的要求。

4.1998号"化验检验报告"（黎某某案）不能作为定案的依据。

1998号"化验检验报告"（黎某某案）除了跟上面的1602号"化验检验报告"（张某某案）存在一样的违法行为，还有以下问题：

（1）1998号"化验检验报告"受理日期是2016年7月11日，扣押日期是2016年7月3日，不符合送检的时间要求，即使延长至查获疑似毒品物的第七日，最迟应为7月10日，已经超出法定送检期限；根据《毒品案件若干规定》第三十条的规定，对查获的全部毒品或者从查获的毒品中选取或者随机抽取的检材，应当由两名以上侦查人员自毒品被查获之日起三日内，送至鉴定机构进行鉴定。具有案情复杂、查获毒品数量较多、异地办案、在交通不便地区办案等情形的，送检时限可以延长至七日。

（2）检材描述为"毒品疑似物"，没有检材具体性状的描述（形态、颜色、重量），检材的编号、名称以及对毒品外观特征的描述扣押清单不一致，也没有任何说明。检材的来源不明，无法确定检材与本案的关联性。也没有包装的描述，送检检材没有封装，是否污染、调包无法确定。

（3）检验前后没有对检材称重。

（4）检验中描述"检材经处理后用……方法检验"，检材经何种处理没有说明，该种处理是否会影响检材的性质或使检材受污染都存有重大疑问。

5. 对李某某查获的毒品进行现场勘查、提取、扣押、称重、取样的程序涉嫌违法。

首先，对黎某某、李某某搜查、扣押工作的见证人是同一个人（理由同黎某某案）。其次，现场查获的毒品和扣押清单没有编号，无法确认称量取样的物品是否和扣押的一致，送检检材的编号、名称以及外观特征描述无法一一对应。最后，称重取样程序违反法律规定。

根据《毒品案件若干规定》第十二条规定，毒品的称量一般应当由两名以上侦查人员在查获毒品的现场完成。不具备现场称量条件的，应当按照本规定第九条的规定对毒品及包装物封装后，带至公安机关办案场所或者其他适当场所进行称量。本案查获的毒品既没有当场称量也没有现场封装，称量时就不存在解封了，该称量毒品是否与所查获的毒品是同一份存疑。

称量取样的同步录音录像也无法显示所称量毒品的外观特征、读数，犯罪嫌疑人也未对称量结果进行一一指认，不符合《毒品案件若干规定》第十三、第十四、第十五、第二十条规定。称量时也没有见证人在场。

6. 2072号"化验检验报告"（李某某案）不能作为定案的依据。

2072号"化验检验报告"的受理日期是2016年7月11日，疑似毒品物的扣押日期是2016年7月2日，最迟的法定送检时间是2016年7月9日；其他意见同上述1998号"化验检验报告"的意见。

7. 对莫某某住处查获的毒品进行现场勘查、提取、扣押、称重、取样的程序涉嫌违法。

8. 2002号"检验报告"（莫某某案）存疑，不能作为定案的依据。

（1）受理日期是2016年7月11日，扣押日期是2016年7月3日，送检时间最迟应为2016年7月10日，超出法定送检期限。

（2）检材描述也是"毒品疑似物"，编号、名称以及对毒品外观特征的描述扣押清单不一致，但没有任何说明，检材的来源不明，无法确定检材与本案的关联性。

（3）检验人杨某明，其职称系主检法医师，不具备毒品检验人资质，毒品检验人应为工程师。

2014号"化验检验报告"以及2031号"化验检验报告"的检验人彭某某系助理工程师,不具备检验人资质,其他辩护意见同前述2002号"化验检验报告"。

9. 根据《办理毒品案件若干规定》第三十三条前半段的规定,公安机关对本案查获的毒品应当委托鉴定机构进行含量鉴定,以及《办理毒品犯罪案件适用法律若干问题的意见》第四项的规定,可能判处死刑的毒品犯罪案件,毒品鉴定结论中应有含量鉴定的结论。但本案查获的毒品,全部没有进行含量鉴定。

辩护人的策略是做相对无罪辩护的问题。从卷宗材料来看,法庭肯定会认定陈某某的行为构成犯罪。如果认定陈某某的行为构成犯罪,那根据毒品的数量、社会危害性,本案的第一被告陈某某就很有可能被判死刑立即执行。陈某某一直没有承认参与贩卖毒品,是零口供的,当事人也不同意辩护人做有罪从轻辩,如果作绝对的无罪辩,这个案子多多少少是有一些旁证的,从事实和证据方面的理由都是不充分的,而且效果也不是太好。所以辩护人选择了做相对无罪辩。我们把公诉人的指控证据通过精细化的分解,可以发现毒品的保管链条存在证据瑕疵,最后达到疑罪从轻的目的,一审法院判被告人犯贩卖毒品罪,判处死刑缓期二年执行。

【重要法律条文】

《中华人民共和国刑法》第三百四十七条 [走私、贩卖、运输、制造毒品罪]

走私、贩卖、运输、制造毒品,无论数量多少,都应当追究刑事责任,予以刑事处罚。走私、贩卖、运输、制造毒品,有下列情形之一的,处十五年有期徒刑、无期徒刑或者死刑,并处没收财产:

(一)走私、贩卖、运输、制造鸦片一千克以上、海洛因或者甲基苯丙胺五十克以上或者其他毒品数量大的;

(二)走私、贩卖、运输、制造毒品集团的首要分子;

(三)武装掩护走私、贩卖、运输、制造毒品的;

（四）以暴力抗拒检查、拘留、逮捕，情节严重的；

（五）参与有组织的国际贩毒活动的。

走私、贩卖、运输、制造鸦片二百克以上不满一千克、海洛因或者甲基苯丙胺十克以上不满五十克或者其他毒品数量较大的，处七年以上有期徒刑，并处罚金。

走私、贩卖、运输、制造鸦片不满二百克、海洛因或者甲基苯丙胺不满十克或者其他少量毒品的，处三年以下有期徒刑、拘役或者管制，并处罚金；情节严重的，处三年以上七年以下有期徒刑，并处罚金。

单位犯第二款、第三款、第四款罪的，对单位判处罚金，并对其直接负责的主管人员和其他直接责任人员，依照各该款的规定处罚。

利用、教唆未成年人走私、贩卖、运输、制造毒品，或者向未成年人出售毒品的，从重处罚。对多次走私、贩卖、运输、制造毒品，未经处理的，毒品数量累计计算。

作者：洪树涌

贩卖假毒品该当何罪

【案情简介】

2018年3月,被告人秦某受马某之托,找到刘某买毒品。双方商定交易××克冰毒,谈妥后秦某和马某携带人民币××元毒资到珠海找到刘某,三人一起去陆丰向上家拿货。

拿到毒品后的马某回到家中发现毒品竟然是假货,秦某、马某二人便带着假货再赴珠海找刘某,将假的毒品交给刘某。之后刘某、秦某再次去陆丰取货,刘某将取到的毒品藏在其裤带内。他们从陆丰返回珠海经过高速公路收费站时,刘某、秦某二人被民警抓获,并当场从刘某身上查获疑似"冰毒"××克。

经鉴定,所缴获的白色晶状体物质未检出常见毒品和易制毒品化学成分。此时秦某、刘某二人才明白他们又一次买了别人伪造的假货。

广东省珠海市香洲区人民法院审理认为,刘某、秦某违反国家对毒品的管理制度,贩卖毒品,其行为均已构成贩卖毒品罪。刘某、秦某是犯罪未遂,比照既遂犯减轻处罚。刘某是累犯、再犯,依法从重处罚。分别判处刘某、秦某有期徒刑7年4个月、有期徒刑7年,并处罚金。

两人不服判决提出上诉,珠海市中级人民法院经审理,依法作出二审裁定,维持原判。

【律师解析】

本案的重点在于刘某与秦某对假毒品是否知情。虽然公安机关缴获的

"毒品"并未检测出常见毒品和易制毒品化学成分，该"毒品"并非实质意义上的毒品。如果行为人主观上明知是假毒品却以毒品的名义进行贩卖的，达到相应犯罪数额标准的，应当以诈骗罪定罪处罚。如果行为人主观上不知是假毒品且以毒品名义进行贩卖的，应当以贩卖毒品罪（未遂）定罪处罚。本案中的刘某和秦某，将假毒品当作毒品贩卖，主观上具有贩卖毒品的故意，客观上已经着手实施了贩卖毒品的行为，只是由于意志以外的原因而未得逞（对象不能犯），系犯罪未遂，二人的行为符合贩卖毒品罪的构成要件，因此应当以贩卖毒品罪定罪处罚。如果马某被抓，马某主观上明知是假毒品却以毒品的名义进行贩卖，达到相应犯罪数额标准的，马某应当以诈骗罪定罪处罚。

【重要法律条文】

《中华人民共和国刑法》第三百四十七条第一款规定，走私、贩卖、运输、制造毒品，无论数量多少，都应当追究刑事责任，予以刑事处罚。

《中华人民共和国刑法》第三百四十七条第四款规定，走私、贩卖、运输、制造鸦片不满二百克、海洛因或者甲基苯丙胺不满十克或者其他少量毒品的，处三年以下有期徒刑、拘役或者管制，并处罚金；情节严重的，处三年以上七年以下有期徒刑，并处罚金。

最高人民法院《关于适用〈全国人民代表大会常务委员会关于禁毒的决定〉的若干问题的解释》第十七条规定，明知是假毒品而冒充毒品贩卖的，以诈骗罪定罪处罚。不知道是假毒品而当作毒品走私、贩卖、运输、窝藏的，应当以走私、贩卖、运输、窝藏毒品犯罪（未遂）定罪处罚。

作者：洪树涌

如何从立案决定书视角挖掘有效辩点

【案情简介】

2016年11月27日晚上，受雇于雷某某的涉毒人员周某某，涉嫌从某地购买了××克冰毒，然后两人将涉案冰毒存放在雷某某事先租赁的出租屋内。涉案毒品实际购买人雷某某刚进入涉案出租屋不久，早已进行跟踪、布控的涉案缉毒民警随即破门而入，当场将停留在藏毒出租屋内的涉毒疑犯雷某某、周某某抓获归案，并现场查获冰毒××克、毒资人民币××元现金。一审法院判处雷某某、周某某死刑立即执行。经周某某本人委托，二审阶段我们便介入此案。

二审法院经审理后裁定撤销原审，将此案发回重审。

【争议焦点】

就此案而言，办案机关一直坚持雷某某、周某某涉嫌贩卖、运输涉案××克冰毒一案的犯罪事实清楚，证据确凿，致使此案辩护空间有限，更无无罪辩护成功的空间。一审法院也据此判处其两人死刑立即执行。笔者介入此案后，比较可行的诉讼目标是争取此案能改判，起码也争取将此案发回重审。经严密论证和反复思考之后，笔者认为此案争议焦点包括但不限于：

1. 此案立案程序是否违法，涉案侦查人员未立案便采取技术侦查措施的做法是否合法，此种程序违法情形的不利后果何在。

2. 从地位和作用角度考虑，应否认定雷某某的地位和作用远远大于周某某，而非认定其两人在此案中的地位和作用相当，区别不大。此案应否认定周某某为从犯或仅起次要地位和作用的"次要主犯",而非一并认定为"主要主犯"。

3. 定性方面,此案应否认定周某某、雷某某涉案行为属于非法持有毒品罪,而非贩卖、运输毒品罪?退一步来说,此案存在严重程序违法行为,且周某某、雷某某涉案行为均属于"持毒待售"情形,依法不应判处死刑立即执行。

显然,此案中周某某、雷某某涉毒是客观事实,其涉案毒品数量高达××克也是客观事实,此案没有无罪辩护空间也是客观事实。此案核心争议点之一在于办案程序是否合法,量刑上应否对周某某、雷某某两人适用死刑立即执行,以及应否对其两人均适用死刑立即执行。

【律师评析】

从辩护结果看,这是一起辩护十分成功的案件。就重大涉毒案件而言,辩方可以从事实、证据或法律适用等角度进行辩护,还可以选择从程序视角进行辩护。涉案侦查人员立案程序违法、采取技术侦查措施程序违法,无疑属于重大程序违法的情形。但遗憾的是,参与此案一审阶段的多位辩护律师似乎"忽视"了此问题,负责此案侦查、审查起诉和审判工作的办案人员似乎对此也有所"疏忽",进而导致此案客观上给予辩方很大辩护空间。当然,涉毒案件辩护仅停留在"程序辩护"而脱离"事实辩"和"证据辩"的做法同样不妥。在我们出具的长达26页的辩护词基础上,二审法院裁定撤销原审判决,将此案发回重审,无疑是个阶段性辩护成果。结合诸多案例,我们将从立案决定书及程序严重违法视角,针对此案涉及的立案程序违法、技侦侦查措施程序违法等问题进行系统论述,力图反证此案不应对周某某作出死刑立即执行的裁决。

立案决定书是刑事案件必备的诉讼文书之一。立案决定书是否在案,出具手续合法与否,有时直接关系到涉案侦查机关及涉案侦查人员实施的涉案侦查行为是否合法,有时也直接关系到应否对被追诉人判处死立刑。为此,我们以立案决定书为切入点,结合具体个案,详细说明我们是如何发现毒品命案中的一些重要辩点,进而设法维护被追诉人的合法权益,设法实现被追诉人合法权益的最大化。

一、立案决定书绝非可有可无的"白纸一张"

我们认为，侦查机关决定对特定案件被追诉人采取立案、侦查、通缉、技术侦查措施等各种侦查措施，以及对特定被追诉人采取各种强制措施，都应满足一定的证据要求和特定的程序要求，这是程序正义应有之义；反之，在司法实务中，我们也常常遇到各种诸如立案决定书缺失、立案决定书及搜查证所载日期造假等可反映涉案侦查人员知法犯法、违法办案的诸多情形。就案件结果而言，诸多涉毒案因存在上述程序严重违法情形，最终导致被追诉人获无罪释放或以不诉或不捕的方式予以释放，或者是案件存在严重程序违法而导致被追诉人获改判死缓。具体分析如下：

第一，侦查机关未对被追诉人立案，涉案侦查人员便对涉案被追诉人采取强制措施，最后导致被追诉人终获无罪释放。如某被追诉人抓获归案，对其涉案行为是否构成犯罪暂且不提，但因涉案侦查人员在案件尚未立案的前提下，便刑拘了该被追诉人，此案也不存在因情况紧急需先控制被追诉人，先对被追诉人采取强制措施的法定事由，最后导致该被追诉人获不诉释放。

第二，在案件没有立案，涉案侦查人员未履行法定审批程序的前提下，涉案侦查人员便对毒品犯罪案件被追诉人采取控制下交付侦查措施，或者是在审批手续期间后继续对被追诉人实施技术侦查措施，导致此案办案程序违法，最后该案被追诉人也获不诉释放。

《中华人民共和国刑事诉讼法》第一百四十八条规定："公安机关在立案后，对于危害国家安全犯罪、恐怖活动犯罪、黑社会性质的组织犯罪、重大毒品犯罪或者其他严重危害社会的犯罪案件，根据侦查犯罪的需要，经过严格的批准手续，可以采取技术侦查措施。人民检察院在立案后，对于利用职权实施的严重侵犯公民人身权利的重大犯罪案件，根据侦查犯罪的需要，经过严格的批准手续，可以采取技术侦查措施，按照规定交有关机关执行。追捕被通缉或者批准、决定逮捕的在逃的犯罪嫌疑人、被告人，经过批准，可以采取追捕所必需的技术侦查措施。"

第三，在案件没有立案，涉案侦查人员未履行法定审批程序的前提下，涉案侦查人员便对涉毒案件被追诉人雷某某、周某某采取技术侦查措施，并判处其两人死刑立即执行。对此，我们始终坚持此案一审判决结果明显不妥。

《中华人民共和国刑事诉讼法》第二百三十八条规定："第二审人民法院发现第一审人民法院的审理有下列违反法律规定的诉讼程序的情形之一的，应当裁定撤销原判，发回原审人民法院重新审判：（一）违反本法有关公开审判的规定的；（二）违反回避制度的；（三）剥夺或者限制了当事人的法定诉讼权利，可能影响公正审判的；（四）审判组织的组成不合法的；（五）其他违反法律规定的诉讼程序，可能影响公正审判的。"

第四，在上级侦查机关出具专门函件，明确要求下级公安机关对涉案疑犯雷某某、周某某进行另行立案、侦查的前提下，涉案侦查人员却以上级侦查机关查办他人涉嫌贩卖毒品罪一案的立案决定书、准许采取技术侦查措施的特定批文作为对周某某、雷某某等人涉嫌贩卖毒品罪一案的立案依据和采取技术侦查措施的依据。对此，我们认为，拿他人涉毒案的立案决定书和相应批文作为无关联性的周某某、雷某某案的立案决定书和相应批文，这样的侦查行为明显是程序违法的侦查行为。

因此，我们始终坚持立案决定书在刑事诉讼、刑事辩护中是比较重要的诉讼文书，绝非可有可无，该文书甚至还是核实涉案侦查行为合法与否的关键证据。

二、藏匿在立案决定书背后的有效辩点

我们在办案过程中，发现多起毒品命案中存在跟立案决定书直接相关的疑点或辩点。简略陈述如下：

第一，我们在阅卷中发现某起涉毒案的立案时间与案发时间相差甚远，此种情形明显违背生活常识。如某起涉毒案的立案时间是某年的 7 月，但被追诉人被抓时间是当年 11 月，两者相差了几个月。根据我们的经验，立案时间与案发时间相隔甚远的案件，涉案侦查人员竟然多次错失抓获良机，直接导致此案无法排除背后另有隐情的合理怀疑。

第二，我们发现涉毒案件的立案决定书与对应的被追诉人不符。在案的立案决定书，对应的被追诉人是与雷某某、周某某涉毒案完全无关的案外人，更非雷某某、周某某本身。本案也不存在雷某某、周某某与其他涉案人员系同一起涉毒案或相关联涉毒案的同案犯，更不存在雷某某、周某某与其他涉案人员涉嫌共同贩卖、运输毒品之共同犯罪情形。本案也没有发现公诉机关或审判机关认定此案涉案行为涉嫌共同犯罪的客观事实。一案立案决定书"多案适用"的做法明显不妥，自然会涉及办案程序严重违法的情形。

第三，如上所述，涉案上级公安机关曾"专门"发文给涉案的下级公安机关，明确要求其另行立案侦查雷某某、周某某涉毒一案，但涉案的公安机关却蓄意不为，根本就没有另行立案、侦查此案。如此做法自然是没有做到"依法办案"，理应由办案机关承担相应的不利后果。

第四，在案证据无法证明周某某、雷某某两人被立案侦查的确切时间，在案的刑事拘留通知书只能证明其被采取强制措施的时间，而无法证明涉案公安机关对周某某、雷某某等人进行立案侦查的确切时间。如上所述，我们坚持在案的立案决定书仅与他人涉毒一案有关，而与周某某、雷某某两人另行涉毒一案没有法律上的关联性。

第五，涉案侦查机关对周某某、雷某某两人进行立案侦查的时间不明，直接导致侦查人员系何时开始对周某某、雷某某两人采取技术侦查措施之关键事实所对应的涉案时间不明。若涉案侦查人员早于立案时间便对周某某、雷某某两人采取技术侦查措施，则其涉案侦查行为必然违法。据此，我们认为，立案决定书所载时间及实质性侦查行为对应的涉案时间会直接关系到涉案侦查机关及涉案侦查人员的侦查行为是否合法，是否存在未经合法审批程序而蓄意违法采取技术侦查措施等严重程序违法情形，以及此案是否存在对周某某、雷某某两人未立案便直接采取强制措施的程序违法情形。

显然，立案决定书在刑事诉讼程序中的作用和地位是刑事拘留通知书等其他诉讼文书不能替代的。对此，刑事律师在办理案件过程中，理应认真考虑在案卷宗中缺乏立案决定书的原因，以及此类案件背后是否另有隐情。

第六，在案卷宗涉及两起案件的部分诉讼文书材料证实，在他人涉嫌贩卖毒品罪一案中，卷宗中有侦查机关出具的立案决定书，有侦查机关可以对涉案被追诉人采取技术侦查措施的正式批文。但在周某某、雷某某两人涉嫌贩卖毒品罪一案的卷宗中，恰好缺失了相应的立案决定书和采取技术侦查措施的正式批准文书，这明显是此案重大疑点所在，也是侦查机关涉案侦查行为存在重大程序违法行为的重要依据所在。

第七，立案决定书"张冠李戴"的做法明显不妥。不可否认的是，此案案卷中还是附有立案决定书的，但此案中，涉案侦查人员拿他人涉毒案的立案决定书，作为周某某、雷某某两人涉毒案件的立案决定书，此种做法明显不妥。如上所述，此案不存在周某某、雷某某与他人涉嫌共同犯罪或与其他涉毒案存在刑法意义上关联性的客观事实，此案立案程序违法，而立案程序违法必然导致后续技术侦查措施也违法，进而给辩方留下很大辩护空间。

第八，雷某某、周某某涉毒一案还存在其他程序严重违法的情形。如提取检材时没有称量检材的重量，卷宗中也缺乏相应的检材提取笔录、称量检材重量的笔录材料。本案涉及两次鉴定，第一次是定性鉴定，第二次是含量鉴定，但第一次鉴定的检材与第二次鉴定的检材来源是否相同存疑，在案证据无法证实用于含量鉴定的检材源自何处。

例如，《办理毒品犯罪案件毒品提取、扣押、称量、取样和送检程序若干问题的规定》第五条规定："毒品的扣押应当在有犯罪嫌疑人在场并有见证人在场的情况下，由两名以上侦查人员执行。毒品的提取、扣押情况应当制作笔录，并当场开具扣押清单。笔录和扣押清单应当由侦查人员、犯罪嫌疑人和见证人签名。犯罪嫌疑人拒绝签名的，应当在笔录和扣押清单中注明。"该规定第二十三条明确："委托鉴定机构进行取样的，对毒品的取样方法、过程、结果等情况应当制作取样笔录，但鉴定意见包含取样方法的除外。取样笔录应当由侦查人员和取样人签名，并随案移送。"

因此，尽管此案是毒品命案，但从辩方视角分析，我们觉得此案存在诸多程序严重违法之处。在司法实务中，若案件存在诸多程序严重违法情形，审判机关往往会作出留有余地的裁决。对此，我们认为，审判机关不能对侦查机关的严重违法情形视而不见，更不能放任冤假错案的发生。

综上所述，命案辩护，除了实体辩护，还有程序辩护。只要还有一线生机，辩护律师就不应过早放弃，而是应设法挖掘出其他辩点。

作者：黄坚明

从录音录像视角谈无罪辩护技巧

【案情简介】

2017年1月2日早上8点多,在册登记的警方线人李某某称其电话邀约被追诉人张某某到其住处以设法交易涉案的××克冰毒,但张某某辩解其前往案发公寓是找李某某女友王某某购买化妆品,而非交易毒品。案发当日12时16分40秒,张某某进入涉案公寓1801房间后,张某某和李某某女朋友王某某长时间待在涉案房间内。案发当天13点53分左右,警方线人李某某独立将藏匿涉案××克冰毒的黄色袋子携带到涉案公寓1801房间内。案发当天14点左右,张某某携带红色购物袋离开涉案公寓,然后在涉案公寓楼下马路边被早已埋伏在四周的缉毒民警抓获归案,然后是涉案缉毒民警在张某某所携带的红色袋子里面查获层层包装的涉案××克冰毒。经办法院也据此认定,张某某涉案行为构成非法持有毒品罪。

2017年10月13日某市中级人民法院作出刑事判决,判处张某某无期徒刑。张某某不服提起上诉后,某省高级人民法院于2018年1月22日作出刑事裁定书,裁定撤销原审,发回重审。某市中级人民法院再次受理此案后,于2018年12月26日作出刑事判决。张某某不服一审判决,再次提出上诉,某省高级人民法院于2020年7月22日作出刑事判决书,改判张某某15年有期徒刑。

【争议焦点】

张某某涉嫌非法持有××克多冰毒一案,也是控辩双方产生根本性分歧的重大涉毒案，此案经历一审、二审发回重审、重审阶段一审再维持原判、上诉后二审再改判。此案争议焦点甚多，具体如下：

1. 涉案毒品究竟是源自警方线人李某某还是源自被追诉人张某某，涉案毒品来源不明是否会影响此案的定性。

2. 此案究竟是"双套引诱"型绝对无罪的涉毒案，还是仅涉及警方线人李某某蓄意犯意引诱、数量引诱的铁证如山型涉毒案？

3. 在案监控可直接证实涉案毒品源自警方线人李某某，李某某对此也供认不讳，但其辩称涉案毒品原本是张某某遗忘在其车上，在铁证缺失的前提下，此案能否据此直接推定张某某系明知涉案袋子里面藏匿有毒品而故意持有涉案毒品，进而导致其涉案行为构成犯罪？辩护人则始终坚持，在案证据无法证实张某某主观上是明知的，涉案办案人员只根据李某某的证言，以及案发时张某某客观上"持有"涉案毒品而认定其有罪的判法则明显不妥。此案无法排除警方线人蓄意设局陷害的合理怀疑，且张某某对此当庭出具书面控告检举材料。

4. 此案真正的争议在于能否"回避"警方线人涉案行为是否构成犯罪？能否只根据警方线人李某某指证张某某涉毒的证词，以及案发时张某某随身携带物品内藏匿有毒品的客观事实认定张某某涉案行为构成犯罪？

显然，不管此案法院作出怎样的裁决，在裁决文书没有充分说理的前提下，在张某某始终不认罪且持续提出控告、检举的前提下，张某某不服判且持续申诉应是大概率事件。

【律师评析】

从目前的辩护结果看，这是一起"部分改判"的案件。由无期徒刑改判15年有期徒刑，这是一起有效辩护的案件。但从案件定性角度看，这是控辩双方发生根本性分歧的重大复杂涉毒案件，办案机关坚持此案是如假包换、铁证如山的涉毒重案，且一审法院、二审法院最终都作出有罪判决，但辩方则始终认为此案是冤假错案。警方的线人存在犯意引诱、数量引诱的违法行为，但生效判决书直接回避了警方的线人李某某涉嫌非法持有涉案××克冰毒的违法犯罪行为，更回避了涉案侦控人员蓄意隐匿在案监控视频关键证据的问题，事实上也忽视了张某某当庭提出的控告检举问题。据此，结合诸多无罪案例，我们将从讯问过程同步录音录像等视听证据视角，从对此案及类似问题进行系统论述，力图反证此案是冤假错案。具体分析如下：

一、同步录音录像缺失导致在案认罪口供被排除

对可能涉及死刑、无期徒刑的毒品犯罪而言，《中华人民共和国刑事诉讼法》第一百二十三条规定："侦查人员在讯问犯罪嫌疑人的时候，可以对讯问过程进行录音或者录像；对于可能判处无期徒刑、死刑的案件或者其他重大犯罪案件，应当对讯问过程进行录音或者录像。录音或者录像应当全程进行，保持完整性。"侦查人员蓄意不进行同步录音录像，恰巧被追诉人身上残留有被刑讯逼供而留下的伤痕，在辩方提出非法证据排除的情形下，办案机关应认定被追诉人的认罪口供系非法证据，并依法予以排除。在被追诉人的认罪口供认定为非法证据并予以排除后，侦查机关无法提供其他可证明被追诉人涉案行为构成犯罪的证据，最后被追诉人可获无罪释放。

显然，上述案例就因案件缺乏讯问被追诉人过程的同步录音录像证据，直接导致在案的被追诉人认罪口供被排除，最终导致案件事实不清、证据不足，办案机关最后只能认定被追诉人涉案行为不构成犯罪。

二、关键同步录音录像丢失导致案件无罪结案

笔者在司法实务中遇到过如下情形：被追诉人在侦查阶段是认罪的，但在审查起诉阶段便翻供，并明确其在侦查阶段的认罪口供并非其真实意思表示。检察机关要求侦查机关提供讯问被追诉人过程的同步录音录像。但侦查机关强调上述同步录音录像资料已丢失，无法找回，最后，被追诉人获无罪释放。

显然，在案证据链不完整，被追诉人翻供，侦查人员仅凭口供办案，加上讯问过程同步录音录像证据的缺失，直接导致检察机关只能认定被追诉人涉案行为不构成犯罪。

三、同步录音录像缺失致使无法认定被追诉人认罪口供内容的真实性

还有这样一则真实案例：张某某在侦查阶段供述其吸食过从李某某处购

买的冰毒，尽管感觉口感不好，但其承认自己所购冰毒确是冰毒。到了审查起诉阶段，张某某则供述其明知从李某某处购买的是假毒品，之所以在侦查阶段供述是冰毒，是因为不想让之前的客户或其他潜在的购买毒品的客户知悉其是故意卖假毒品。

显然，因张某某的口供前后矛盾，又因缺乏相应侦查阶段讯问张某某的同步录音录像，致使在案证据无法证实哪一份口供内容系张某某的真实意思表示。最后，检察机关只能对此案作出不起诉的决定，张某某获无罪释放。

四、选择性录音录像的法律后果

在毒品犯罪案件中，比较常见的情形包括：

第一，涉及死刑的毒品犯罪案件，讯问被追诉人的过程没有进行同步录音录像。例如，在某涉毒案件中，被追诉人在侦查阶段被讯问次数超过十次，但全案仅有三次讯问笔录有相应的同步录音录像。

第二，涉案侦查人员蓄意进行选择性录音录像。例如，被追诉人认罪口供有五份，其中仅仅有两份讯问笔录是有同步录音录像的，其余三份认罪口供缺乏相应的同步录音录像予以印证。办案人员甚至有意在所有的讯问笔录中均没有写明讯问过程是否有同步录音录像。

第三，被追诉人不认罪的口供缺乏相应的同步录音录像，其认罪的口供侦查机关便可提供相应的讯问过程同步录音录像予以佐证。

第四，被追诉人在派出所被讯问时，有其不认罪的口供，也有其认罪的口供，客观上均应进行同步录音录像，但卷宗缺失相应的同步录音录像；但到看守所后，被追诉人在侦查阶段多次作出认罪的口供，直到此时侦查人员才提供相应的讯问过程的同步录音录像。

五、在案录音录像恰好是无罪铁证

第一，在案的同步录音录像细节与在案的毒品封存笔录表述与证人证言、称量笔录表述系相互矛盾的，恰好证明案件存疑。

第二，在案的同步录音录像恰好证明被追诉人的合理辩解成立，恰好证明被追诉人并无贩卖毒品的主观故意。

如张某某在审查起诉阶段辩解其并无贩卖毒品的故意，其在李某某提出要购买毒品的时候首先劝对方不要吸食，在李某某坚持要毒品的情况下，才将自己之前购买吸食剩余的毒品与对方共同吸食，且明确表示不收钱。但李某某将毒品拿去后便将人民币××元甩到桌子上并离开，其才将该钱放入钱包中，在李某某开门的同时民警进屋将其抓获。该辩解有抓获过程同步录音录像及复核李某某的证言相印证。最后，张某某获无罪释放。

第三，在案录音录像恰好证明办案人员蓄意诱供、骗供，恰好证明被追诉人在讯问笔录中所述其将获得高额报酬的关键口供内容，系来源于同案犯和侦查人员之口，而非被追诉人的真实意思表示。有些案件，该证据还可证明办案人员蓄意打断、制止被追诉人的合理辩解。

在会见中，我们和被追诉人反复核实"被追诉人获得××元报酬"说辞的来源。被追诉人明确此说法来源于涉案毒品上家李某某的说法，在案的讯问被追诉人的同步录音录像或监控视频可证明此事实。为此，我们向办案机关申请调取该讯问过程的同步录音录像或相应的监控视频。最后，被追诉人无罪释放，而办案人员是否调取相应的视听资料笔者不得而知。

被追诉人在讯问过程中，不断想强调其之前的认罪口供并非其真实意思表示，意图对其作出合理解释，但涉案侦查人员不断打断或制止其作出合理辩解。这恰好证明此案存在重大疑点，被追诉人口供内容存在并非其真实意思表示的可能。

第四，在案同步录音录像恰好证明被追诉人在讯问笔录中的口供内容，与同步录音录像内容，在涉案时间、交付接收毒品的具体地点、毒品数量及单价、总价、毒资来源及接收毒资等核心事实细节方面前后矛盾，与其他同案犯的口供内容和同步录音录像内容也是相互矛盾的。

第五，在案同步录音录像有时恰好是证明涉案侦查人员蓄意造假的铁证，或恰好证明案件无法排除造假的合理怀疑。

如某案件中，在案同步录音录像完整记录了被追诉人供述其如何走私、贩卖冰毒的具体过程，但在案的被追诉人通行证和护照书证恰好证明被追诉人于案发期间一直在中国大陆居住，根本不具备其亲自携带涉案毒品过海关并走私到国外贩卖毒品的客观事实和时空条件。

再如,张某某涉嫌贩卖毒品一案中,虽然有其在公安机关的供述及证人孙某某、胡某某的证言和扣押的物证等证据印证,但张某某、证人孙某某言词笔录均系侦查人员代签,且未采取同步录音录像方式予以固定;公安机关在抓获张某某时也未拍摄录像予以固定,且证人孙某某、胡某某的证言均未陈述公安机关是如何让二人采取贴靠的方式向张某某购买毒品的,公安机关也未对证人孙某某在贴靠时与张某某的通话进行录音,无法证实案件线索的真实来源。现经过二次退侦,言词证据取证时的同步录音录像无法收集到案、证人孙某某、胡某某均拒绝到案进行调查,故此案据以定罪的证据存在疑问,现无法查证属实。根据现有证据得出的结论具有其他可能性,不能排除合理性怀疑,不符合起诉条件。最后,张某某获无罪释放。

六、监控视频铁证反证涉毒重案有冤情

如前所述,涉案公寓监控视频铁证,可直接证实涉案毒品源自警方线人李某某,而非被追诉人张某某。本案单凭此事实,就足以反证重审阶段一审判决认定事实错误、采信证据错误,进而导致张某某被违法重判。具体分析如下:

第一,省检最新提交的李某某证言及其携带涉案黄色袋子的监控视频可直接证实涉案毒品系李某某独立携带到涉案1801房间的。而李某某女友的证言则直接证实,本案不存在李某某曾在涉案房间打开涉案毒品,并告知张某某涉案黄色袋子内夹藏有毒品的关键入罪事实。显然,除了李某某的孤证证言外,本案没有任何铁证能证实张某某系明知涉案黄色袋子内夹藏有毒品而故意持有。显然,本案单凭此事实就足以证实张某某涉嫌持有××克冰毒一案明显是错误的。

第二,从直接证据角度分析,根据现有的监控视频截图,本案可直接推定涉案毒品源自警方的线人李某某。反之,指证张某某独立采购涉案毒品,然后将涉案毒品送至李某某车上的李某某证词则明显是孤证,且缺乏其他证据佐证。基于孤证不得入罪的原则,本案应认定涉案毒品源自警方的线人李某某。但遗憾的是,生效判决直接回避了涉案毒品来源的核心问题。事实上,本案也没有证明力更高的证据可直接或间接证实涉案毒品源自张某某。就现

有证据而言,本案明显是仅有"李某某持毒行为"或"张某某持毒行为"的涉毒案。

涉案毒品的来源问题是此案争议焦点之一。涉案毒品究竟是来源于张某某,还是来源于警方的线人李某某,是此案庭审的争议焦点之一。基于此,我们认为,只要调取张某某进出涉案某公寓大堂、电梯和1801房走廊的完整监控视频,以及调取警方的线人李某某进出涉案某公寓地下停车场、大堂、电梯和1801房走廊的完整监控视频,以及对两人进出涉案公寓的监控视频进行对比,就可以查明此案真实情况。但是,在案卷宗中,我们仅仅看到张某某、李某某出入涉案公寓的监控截图,而非完整的监控视频。本案单凭此事实,我们就足以认定此案事实不清、证据不足,无法得出张某某涉案行为构成犯罪的结论。更关键的是,张某某一直强调涉案毒品系警方线人李某某携带到涉案1801房间,然后用于设局陷害张某某,并导致张某某被长期错误羁押,而该事实已被李某某的证言及最新监控视频截图证据所证实。但是,我们仍坚持申请调取张某某和李某某进出涉案公寓的地下停车场、大堂门口、电梯门前、天梯内及18楼通道的完整监控视频。

根据我们了解的情况,张某某归案之后,办案人员自始至终都没有让张某某看过其本人进出涉案公寓的完整监控视频,也没有给其看过李某某进出该公寓的完整监控视频。更关键的是,张某某进入某公寓时携带的袋子是红色的,而案发时用于夹藏涉案毒品的袋子是黄色的。事实上,关键证人李某某也承认涉案黄色袋子是自己携带而来,也是自己携带到涉案公寓1801房间的,但包装涉案毒品的黑色袋子来源不明,最内层的白色塑料袋同样是来源不明。警方的线人李某某及涉案办案人员也均回避了此核心问题。在这样的前提下,张某某一直不认罪,涉案侦控人员理应对上述物品进行指纹或DNA基因成分鉴定,涉案侦控人员也应调取完整的监控视频,而非选择性"裁剪"张某某出现在公寓大堂、公寓电梯内及18层通道内的监控截图。基于此,我们有理由怀疑,涉案侦控人员有意不提供完整的监控视频,或者有意不提交可直接证明涉案毒品源自李某某的关键监控视频。在本案发回重审二审之前均如此,现已补证对应的监控截图。须知,上述证据不仅能直接证明涉案毒品是李某某携带到涉案1801房间的，还可证实李某某确实存在联合涉案侦查人员一起设局陷害张某某的重大嫌疑。

第三，一审判决采信的"张某某进出涉案某公寓的监控视频截图"，并非视频形式的监控视频，此证据只能证明张某某有进入1801房间的客观事实，也只能证明系张某某将涉案物品带到涉案的涉案公寓对面的人行道上，但不能证明涉案毒品就是张某某明知是毒品而故意存放在其随身携带的红色购物袋内，并不能证明张某某确实知道或应当知道涉案黄色袋子里夹藏有毒品仍有意帮助警方线人李某某携带涉案毒品实物，进而导致此案的发生。须知，本案单凭涉案毒品内外包装上均没有提取到张某某指纹、DNA客观事实，就足以导致此案无法排除张某某主观上不明知、客观上被警方线人李某某等涉案人员故意设局陷害的合理怀疑。

显然，在所有的在案证据中，没有任何一份证明力高的物证、书证或证人证言可直接证明张某某是明知或可推定其明知是毒品而故意持有的关键性证据，也没有任何直接证据可证明张某某明知涉案包裹内夹藏有毒品而故意持有涉案毒品的；反之，在案侦查人员执法监控视频、警方线人李某某女朋友王某某的证言，以及张某某的始终坚持的无罪辩解，也包括在案××（司）鉴物品（DNA）字（2017）00129号法医物证鉴定意见书，均可证明张某某是主观上不明知，客观上被设局陷害、被蒙骗的被陷害者，也足以证明其根本就不是本案适格的被追诉人。

综上所述，从实证视角分析，辩方认真分析在案的同步录音录像等视听资料，坚持向办案机关申请调取在案的讯问被追诉人过程、抓捕被追诉人的过程、被追诉人口供所述的交付、接收毒品现场的监控视频等视听资料证据，对实现无罪辩护成功、改变案件定性、实现免死辩护、案件重大改判等诉讼目标有重大的作用。视听资料证据，是辩方对诸多重大涉毒案件进行有效辩护的重大突破口之一。

作者：黄坚明

从毒品实际用途视角剖析辩护技巧

【案情简介】

陈某某是吸毒者,其吸毒时间应超过十年,为此其长期独立购毒或伙同他人一起购毒吸食应是常态。但购毒也是高风险的违法犯罪行为,购毒吸食与购毒贩卖牟利的边界有时很模糊。陈某某为何因涉嫌贩毒而被抓,根源是其自2017年5月至2019年5月期间合计购毒次数达23次,合计购毒数量高达××克之多,且在案的微信转账记录及银行转账记录可佐证其20多次购毒的事实客观存在。据此,我们应认可陈某某始终坚持的"单纯购毒吸食"或"多人共同凑钱购毒吸食"的无罪辩解成立;还是认可起诉书提出的其购毒目的是赚取差价以牟利,而非单纯购毒吸食或共同购毒吸食的有罪结论?无疑是此案最大争议所在。

一审法院认定陈某某犯贩卖毒品罪,并判处其无期徒刑。

【争议焦点】

陈某某长期购毒及多次大额购毒是客观事实,此案真正的争议焦点是涉案毒品去向,陈某某购毒目的何在,以及在案证据及事实能否证明其涉案行为构成贩卖毒品罪。

1. 陈某某涉案购毒行为是否属于刑法意义上的贩卖毒品犯罪行为。

2. 在案证据能否认定陈某某涉案行为属于"低进高卖、从中牟利"的贩毒牟利犯罪行为。

3. 在涉案毒品来源不明且购入价不明的前提下,能否根据涉案毒品买家单方付款记录直接推定被追诉人涉案行为构成贩卖毒品罪。

4. 在涉案毒品数量累计高达××克左右的前提下，在案证据仅能证实其中仅数十克系伙同他人一起购买的，其他涉案毒品均系陈某某单纯购毒自吸，起码此案无法排除这样的合理怀疑。在这样的前提下，此案能否推定涉案的××克冰毒实物均系用于贩卖用途，或者是可推定其中绝大部分毒品是用于陈某某自我吸食用途。

5. 在案转账记录可佐证部分指控属于共同购买或无偿代购情形，能否据此认定陈某某涉案行为不构成贩卖毒品罪。

显然，陈某某涉嫌贩卖毒品罪一案而言，因在案证据明显不足，且诸多证据可佐证陈某某涉案行为不属于贩卖毒品犯罪行为，据此我们始终坚持陈某某涉案行为不构成犯罪。

【律师评析】

陈某某长期大额购毒是客观事实，甚至其一次购毒数量高达××克冰毒，但其长期吸毒也是客观事实。在这样的前提下，"起诉书"或"一审判决书"认定的23宗指控或23起犯罪事实对应的毒品用途均是贩卖，而非被追诉人自吸或伙同他人共同购毒自吸。当然，就涉案毒品流向问题以及被追诉人是否从中牟利的问题，我们不能轻信被追诉人作出的无罪辩解，也不能轻信在案判决径自认定的犯罪事实，我们应坚持实事求是的办案态度，坚持去向不明且不能排除系被追诉人单纯购毒自吸的，应依存疑利益归于被追诉人的原则，按无罪处理；坚持微信转账记录、银行转账记录可佐证被追诉人没有从中获利的，应按无偿代购或共同出资购毒共同自吸或各自吸食的无罪情形处理，而非一味地推定涉案行为属于贩卖毒品犯罪的范畴。在司法实务中，毒品常见的用途包括贩卖、自我吸食、共同吸食、赠送给他人等诸多用途；从证据视角分析，涉案毒品还存在去向不明、被销毁、被吸食、被办案人员查获、已灭失等诸多情形。但是，在司法实务中，办案机关经常将被追诉人实际购毒数量直接认定为其涉嫌贩卖毒品的数量，然后根据具体个案情况，在量刑上酌情处理，但在证据不足的情形，或者是有相反证据证实涉案毒品并非用于贩卖用途的前提下，武断断案的做法则明显不妥。

涉毒案件，特别是部分毒品用于吸食、部分毒品用于贩卖情形的涉毒案例，诸多生效裁决的结果一般都是被追诉人购买了多少毒品，其就被认定贩卖了多少毒品，然后在量刑上酌情从轻处罚。难道被追诉人购毒的唯一性用途就是为了贩卖吗？任何机械性适用法律的结果必然是荒谬的。

作者：黄坚明

"人赃并获"型涉毒案有效辩点

【案情简介】

2015年4月1日,承包某学校饭堂生意的经营者李某某,刚进入其本人实名租赁的涉案仓库不久,正在帮助其当年狱友张某某重新打包、用袋包装涉案的上万件衣服,正在此时,持枪破门而入的涉案武警及缉毒民警当场将李某某、张某某两人抓获归案。办案民警在涉案出租屋内当场查获××克冰毒,也当场抓获正在包装涉案毒品的李某某、张某某两人,人赃并获、铁证如山。事实上,此案涉案毒品合计达××克,涉案疑犯共19名。

2015年5月7日,某市某看守所以"检察院不批准逮捕"为由出具"释放证明",于当天晚上将李某某释放。2015年5月8日,某市公安局某区分局以"犯罪嫌疑人李某某因人民检察院不批准逮捕,需要继续侦查"为由,作出"取保候审决定书"。

【争议焦点】

此案可谓"人赃并获",涉毒疑犯李某某、张某某系在案发现场当场被抓,且系正在包装毒品过程中被抓归案的。而缉毒民警更是当场查获毒品。此案可谓铁证如山,证据确凿,一旦涉案两人均被批准逮捕,最终结果或命悬一线。就此案争议焦点而言,此案核心问题包括以下几点:

1. 从行为视角分析,李某某协助张某某包装涉案××克冰毒的涉案行为是否属于刑法意义上的贩卖毒品或持有毒品犯罪行为?事实上,李某某实际实施的涉案行为还包括:将自己名下车辆无偿提供给张某某使用且系用于运输涉案××克冰毒，提供银行账户给张某某接收大额款项，实名租赁涉案仓库且系用于存储涉案××克冰毒。

2. 被追诉人李某某主观上是否明知、客观上是否因张某某蒙骗而被动卷入此案？进而导致李某某是否为此案适格的被追诉人的关键事实存疑。

3. 在案证据和事实能否证实或推定李某某主观上是不明知的，客观上是被蒙骗的？而张某某否认李某某不知情的自认其罪、自担其罪的认罪口供及替李某某辩解的证词，能否作为李某某涉案行为不构成犯罪的关键无罪证据？

4. 从法律适用角度分析，根据在案证据和事实，能否证实李某某涉案行为构成贩卖毒品罪？

介入此案后，辩护律师从多个角度试图论证李某某涉案行为不构成犯罪，其在此案中是主观上不明知，客观上被蒙骗的无辜者、案外人，其本人实质上应是被张某某涉毒犯罪行为所牵连的被害者。

【律师评析】

此案系多地警方联合办案、统一部署抓捕行动的涉毒案件，因涉案毒品数量惊人，至今仍是我们经办过的、涉案毒品数量最多的涉毒案件。从事实和证据角度分析，辩护律师一直坚信涉案李某某是无辜者、案外人，但涉毒案件是允许推定入罪的，一旦办案人员秉持先入为主、有罪推定的惯性思维，此案最终怎样仍不好推断。李某某被取保候审期满后，办案机关仍拒绝撤销此案，仍坚持对涉案李某某进行监视居住两年之久。当然，监视居住非实质性控制李某某人身自由。

人赃并获型涉毒案，是否就等于铁证如山呢，是否就等于此案没有保命空间或无罪辩护空间了呢？答案当然是否定的。具体案件辩护空间何在，无罪辩护成功的概率是多少，起决定性作用的因素还是在于在案的证据和事实本身，而非是否属于人赃并获型涉毒案。作为专业毒辩律师，我们更为关注的涉毒案背后的有罪证据链或无罪证据链是否齐备，能否排除一切合理怀疑或合理怀疑。

我们不否认，涉毒刑事案件辩护难度大，人赃并获型涉毒案或人赃并获型涉毒案件辩护难度更大。为此，毒辩律师在考虑是否要接手某起涉毒案之前，都习惯性关注一个关键事实：办案人员是否在案发现场查获毒品实物。假定办案人员在案发现场查获毒品实物，辩方对此应谨慎万分，毕竟人赃并获，致使此案"翻案"或辩护的难度大很多。反之，假定办案人员在案发现场没有查获毒品实物，致使涉案毒品疑似物是否为毒品，其纯度几何，数量多寡不明，进而导致此类案件辩护空间大。为此，涉案毒品实物是否已灭失，办案人员是否在案发现场查获毒品，案件是否为人赃并获型涉毒案，无疑是辩方考虑是否介入特定个案的关键性事实之一。问题是涉毒案人赃并获，就等于铁证如山，罪责难逃了吗？或许，不同辩护律师对此会给出不同的答案。

一、人赃并获与"人货分离"

海关缉毒人员在待出口货物上查获毒品实物，不等于涉案货主就是大毒枭、毒贩子，更不等于涉案货主就是涉毒之人，被追诉人也未必就是现行犯，原因是此案无法排除被追诉人主观上不明，客观上被蒙骗，而涉案货物系他人以"搭便车"或"人货分离"方式代为出口货物的合理怀疑。

为此，侦查人员在查获毒品现场查获毒品实物，只能证明涉案毒品背后确实存在毒品犯罪行为，但何人所为存疑，毕竟被追诉人并非在案发现场被抓归案的。

二、涉毒案件人赃并获但结果是"二选一"

如上所述，李某某及张某某正在涉案房屋内现场包装涉案货物，结果缉毒民警及持枪武警破门而入，将二人抓获归案，此案无疑属于人赃并获型涉毒案件，但此案结果是李某某获不捕释放，张某某则罪责难逃，命悬一线。显然，涉毒案属人赃并获情形，不等于现场被抓之人均是涉毒人员，其中多位或某位被追诉人属无辜者、案外人的情形也是客观存在的。

涉毒现场牵涉案外人是常见情形。如某涉毒案中，办案人员在涉案鱼塘抓捕了13名涉案人员，但最终办案机关仅认定其中6名涉案人员是涉毒人员。毒品犯罪案件抓捕现场，办案人员为何要现场讯问涉案人员是否认罪，为何要现场决定是否要提取涉案毒品内外包装物上的指纹、DNA基因成分等生物物证，为何要对毒品实物、搜查毒品现场进行拍照、录像等取证工作，根源都是为了避免错抓无辜者、案外人。毕竟被追诉人出现在案发现场，不等于所有涉案人员均是涉毒人员。无辜者、案外人、警方线人碰巧出现在涉毒案发现场的情形也经常出现。

三、涉毒案件疑犯与无关涉案人员的实质性区别

如上所述，在笔者经办的某涉毒案件当中，案发场所是涉案鱼塘，办案人员在涉案鱼塘经营者宿舍处查获××克毒品，并将出现在涉案鱼塘的十多名涉案人员全部抓获归案，但其中除了鱼塘经营者及涉案毒品所有权人与涉案毒品实物有关联，其他涉案人员或许牵涉其他涉毒案件，但其与被藏匿在涉案鱼塘处的涉案毒品无关，致使此案其余涉案人员涉案行为不属于人赃并获情形，致使其涉案行为是否构成犯罪存疑。

四、大额毒品缺失与零星毒品牵涉"人赃并获"

在我们经办的一起涉毒案件中，被追诉人在他处被控制，随即被押送到其住处，结果办案人员在其住处当场查获××克毒品。就犯罪事实而言，被追诉人涉案行为无疑属于人赃并获情形。但就全案而言，就被追诉人涉嫌走私、贩卖××克或××克冰毒一案而言，涉案毒品缺失，涉案大额毒资缺失，案发现场不明，与人赃并获犯罪事实可谓毫不沾边。涉案侦查人员在被追诉人住处查获零星毒品实物，不等于全案多起犯罪事实均有相应的毒品实物予以佐证。为此，一起犯罪事实属于人赃并获情形，不等于全案犯罪事实均属于人赃并获情形。

基于此，我们始终坚持，此案涉及的控方所指控的多起犯罪事实绝非证据确实、充分，绝非案件事实清楚之情形，此案疑点重重方是实质。

五、从人赃并获情节探究犯罪形态辩护技巧

在司法实务中，不同行为形态的案发现场，不同行为属性的案发现场，所谓的人赃并获情节，理应具有不同的法律意义。例如：买卖双方均在场的毒品交易现场人赃并获情形，毒品及毒资俱在的毒品交易现场人赃并获情形，有毒品无毒资形态的人赃并获情形，单人住处及单人持有毒品之人赃并获情

形，毒品成品、半成品及制毒之人俱在赃并获现场，单纯保管或受托保管涉案毒品之保管毒品现场人赃并获情形，其背后蕴含的法律意义明显是有差异的，对应的潜在法律后果有时会相差甚远。

为此，办案人员及辩方律师应谨慎分析及评判具体个案中所遇到的人赃并获情节背后的法律意义所在。作为专业毒辩律师，我们不应过分惧怕或过分强调人赃并获情节背后所蕴含的价值评判和辩护压力。

六、单纯陪伴者被卷入案件

就诸多实证案件而言，在被追诉人主观上不明知，客观上被蒙骗的情形下，不管案件是否属于人赃并获情形，均无法论证出被追诉人涉案行为属于犯罪情形的范畴。退一步来说，涉案被追诉人可能存在概括性犯意情形，其主观上可能知悉其同伴涉毒，也有可能不知晓其同行同伴涉毒，在被追诉人没有实施任何刑法意义上的毒品犯罪行为的情形下，我们也无法排除被追诉人属单纯陪伴他人而被卷入涉毒的情形。

七、人赃并获情节背后的免死辩点

李某某、张某某在涉案出租屋案发被抓，办案人员当场查获冰毒十公斤，但涉案毒品上家及下家均没有归案，在案证据也无法证实何人系涉案毒品潜在下家。为此，我们坚持被追诉人涉案行为应属于"持毒待售"情形。在司法实务中，持毒待售型涉毒被追诉人一般不会被判处死立刑。此案经我们强力辩护后，二审法院裁定撤销原判，发回重审。

八、在案生物物证应是关键无罪辩点

在司法实务中，我们还遇到令人觉得匪夷所思的指控不成立涉毒案件。办案人员在某君住处发现两类毒品实物，其中××克毒品疑似物经鉴定确认是冰毒，其余××克毒品疑似物鉴定确认是氯胺酮。但因在涉案氯胺酮毒品包装物上提取到未知女性的DNA基因成分，最后一审法院认定涉案氯胺酮毒品属他人所有，为此认定涉案陈某某、赵某某涉嫌走私、贩卖涉案氯胺酮毒品实物的指控不成立。

从辩方视角分析，我们坚持单凭涉案氯胺酮包装物上提取到未知女性的DNA成分，便认定该起指控不成立的做法不妥，起码此案背后应另有隐情；

反之，仅凭办案人员在被追诉人处查获两批毒品，便认定其涉嫌走私、贩卖毒品的做法同样不妥，起码此案无法排除因在案证据链不完备，不具有排他性而无法定案的合理怀疑。

作为长期研究涉毒案的专业律师，对涉毒案被追诉人在案发现场当场被抓，侦查人员当场查获毒品实物的情形不陌生，也知晓为何诸多刑事律师重视涉毒案"人赃并获"现象的根源何在，但对此我们更想强调的是，证据链是否完备，案件能否排除合理怀疑或排除一切合理怀疑，这远比案件是否属于人赃并获情形重要甚多。

作者：黄坚明

从物证视角谈贩卖毒品案件无罪辩护技巧

【案情简介】

2015年4月1日,承包某学校饭堂生意的经营者李某某,刚进入其本人实名租赁的涉案仓库不久,正在帮助其当年狱友张某某重新打包、用袋包装涉案的上万件衣服、正在此时,持枪破门而入的涉案武警及缉毒民警当场将李某某、张某某两人抓获归案。办案民警在涉案出租屋内当场查获××克冰毒,也当场抓获正在包装涉案毒品的李某某、张某某两人,正可谓人赃并获、铁证如山。事实上,此案涉案毒品合计达××克,涉案疑犯共19名。

2015年5月7日,某市某看守所以"检察院不批准逮捕"为由出具"释放证明",于当天晚上将李某某释放。2015年5月8日,某市公安局某区分局以"犯罪嫌疑人李某某因人民检察院不批准逮捕,需要继续侦查"为由,作出某某取保字"取保候审决定书"。

【争议焦点】

此案可谓人赃并获,涉毒疑犯李某某、张某某系在案发现场当场被抓,且系正在包装毒品过程中被抓。而缉毒民警更是当场查获毒品。此案可谓"铁证如山",证据确凿,一旦涉案两人均被批准逮捕,最终结果或是命悬一线。就此案争议焦点而言,此案核心问题包括以下几点:

1. 从行为视角分析,李某某协助张某某包装涉案××克冰毒的涉案行为是否属于刑法意义上的贩卖毒品或持有毒品犯罪行为?事实上,李某某实际实施的涉案行为还包括：将自己名下车辆无偿提供给张某某使用且系用于运输涉案××克冰毒，提供银行账户给张某某接收大额款项，实名租赁涉案仓库且系用于存储涉案××克冰毒。

2. 被追诉人李某某主观上是否明知的客观上其是否因被张某某蒙骗而被动卷入此案？进而导致李某某是否为此案适格的被追诉人的关键事实存疑。

3. 在案证据和事实能否证实或推定李某某主观上是不明知的，客观上是被蒙骗的？而张某某否认李某某不知情的自认其罪、自担其罪的认罪口供及替李某某辩解的证词能否作为李某某涉案行为不构成犯罪的关键无罪证据？

4. 从法律适用角度分析，根据在案证据和事实，能否证实李某某涉案行为构成贩卖毒品罪？

介入此案后，辩护律师从多个角度试图论证李某某涉案行为不构成犯罪，其在此案中是主观上不明知，客观上被蒙骗的无辜者、案外人，其本人实质上应是被张某某涉毒犯罪行为所牵连的被害者。

【律师评析】

此案无疑是惊天毒品大案，且系多地警方联合办案、统一部署抓捕行动的涉毒大案，因涉案毒品数量惊人，至今仍是我们经办过的、涉案毒品数量最多的涉毒大案。从事实和证据角度分析，辩护律师一直坚信涉案李某某是无辜者、案外人，但涉毒案件是允许推定入罪的，一旦办案人员秉持先入为主、有罪推定的惯性思维，此案最终怎样仍不好推断。李某某被取保候审期满后，办案机关仍拒绝撤销此案，仍坚持对涉案李某某监视居住两年之久。当然，监视居住非实质性控制李某某人身自由。至今六年时间过去了，此案没有其他新情况发生，据此可推定，涉案侦查机关最终应认定李某某与涉案冰毒相关的毒品犯罪活动无关，此案最终应以彻底无罪结案。

从毒品实物是否被查获或是否已灭失、与查获毒品实物是否有关联性、其他在案物证证明力大小等视角为切入点，研究物证在贩卖毒品罪案件无罪辩护中的作用，进而反思辩方对物证不足类贩卖毒品罪案件的无罪辩护技巧。

一、关键毒品实物证据在案事关罪与非

从关键毒品实物证据视角分析，因毒品实物未被查获或已灭失，导致事实不清、证据不足，案件无法定案，辩方无罪辩护成功的案例绝非少数。据此，我们认为，以下类型贩卖毒品罪案件应属于物证不足、无法定案的情形，起码辩方应敢于坚持无罪辩护：

第一，涉案毒品实物未被查获或已灭失，侦查人员也未收集到用于夹藏涉案毒品实物的机器、箱包、购物袋等物证，更没有查获现金毒资等其他物证，无法排除涉案毒品交易行为根本就不存在的合理怀疑。

第二，侦查人员未扣押到毒品实物，也未扣押到毒资，更没有收集到分包毒品工具等关键物证，进而导致案件物证不足，无法定案。全案缺物证的情形是最常见的涉毒无罪案件情形。

第三，因侦查人员未查获毒品实物，或毒品实物已灭失，进而无法确定被追诉人交易的物质是否为毒品，更无法确定毒品可疑物的数量、体积、纯度等核心事实，使得贩卖毒品犯罪构成要件事实缺乏必要的证据予以证明，案件无法定案。毒品可疑物真伪不明、数量不明，这也是涉毒案常见的无罪情形。

第四，侦查人员未查获毒品、毒资等物证，且购买毒品可疑物的下家未归案，提供毒品可疑物的被追诉人供述也不稳定，导致被追诉人的有罪供述缺乏其他证据印证，案件无法定案。简言之，物证不足，人证也不足，进而导致案件无法定案。

第五，侦查人员查获的毒品可疑物经鉴定确认为非毒品物质，导致案件物证不足，证据锁链不完整，无法排除被追诉人主观上不知情或被诈骗的合理怀疑，最后被追诉人获不诉结案。笔者办理的陈某某涉嫌贩卖毒品罪一案就属于此种情形。陈某某到案发现场接收毒品可疑物时被抓，但涉案毒品可疑物经鉴定确认为非毒品，陈某某也没有接触到涉案毒品可疑物本身，在案证据无法证明其对涉案物质是否为毒品系知情的，更无法排除其被提供涉案毒品可疑物上家诈骗的合理怀疑。在实务中，笔者还遇到侦查人员涉嫌"双套引诱"的贩卖毒品罪案件，且侦查人员或其线人提供的毒品可疑物，经鉴定后也确认为非毒品物质。我们始终坚持,此类案件既属于侦查人员公然制造犯罪的"双套引诱"无罪案件,也属于物证不足的无罪案件。

由此可见,物证不足是贩卖毒品罪案件无罪辩护的常见辩点,诸多案件被追诉人因案件物证不足最后获无罪释放。当然,在司法实务中,在毒品实物未被查获或已灭失的情形下,被追诉人被定罪的案例也不少。此类案件罪与非罪的界限是比较模糊的,相应案件的裁决结果也各不相同。

二、"毒物在手"不等于"定罪无忧"

一般认为,毒品实物来源不明,不影响公检法机关对已归案被追诉人进行立案、侦查、审查起诉和定罪量刑,但被追诉人与已查获的毒品实物是否有关,直接关系到其涉案行为的罪与非罪。具体分析如下:

第一,如上所述,涉案张某某承认已查获毒品实物系其独自购买、打包、运输到案发现场的,还明确陈述李某某仅帮张某某重新装袋,并不知悉涉案鞋盒内夹藏有毒品。显然,在案证据足以认定已查获毒品与李某某无关。这是我们办理的李某某涉嫌贩卖冰毒案的核心事实,最后李某某获无罪释放。

第二,已查获毒品实物与被追诉人无关。诸多在案证据可证明涉案毒品属第三者所有,且第三者在逃或去向不明,最后被追诉人获无罪释放。例如,李某某、张某某是夫妻,李某某不吸毒,在其住处从未发现毒品,而其妻子张某某因吸毒而去向不明。缉毒民警在李某某、张某某住处查获的涉案毒品,合理怀疑排除系李某某所有,进而无法对李某某涉案行为进行定罪量刑。

第三,涉案侦查人员在案发现场查获毒品、毒资,但扣押的毒资、毒品来源不明,证明犯罪的证据达不到确实、充分的定罪标准。我们在办的某君涉嫌走私、贩卖××克或××克冰毒的涉案命案,尽管办案人员在案发鱼塘查获××克毒品及高达××元的现金,但书证物证与某君涉案行为没有法律上的关联性,仅与此案已归案的陈某某、赵某某有关,据此无法认定该君涉案行为构成犯罪。

第四,侦查人员并非在被追诉人身上或住处查获毒品,而是在案发现场周边区域查获毒品实物,或者是涉案毒品实物实质上是由警方线人独立提供的。而已归案被追诉人则否认涉案毒品源自其本人,涉案毒品来源不明,无法核实涉案毒品的所有权人是谁,或者是涉案毒品实际控制人也存疑。此类案件应无法定案,核心理由之一就是案件基本事实不明。

例如,侦查人员在某购物中心停车库将被追诉人抓获,并对其进行了身体检查但未能查获涉案毒品,后将其带至该购物中心20层楼梯间处,在其所站位置旁的地上发现毒品可疑物。由于该毒品并非现场从被追诉人身上或住处查获的,毒品查获程序存在瑕疵,且被追诉人坚持该毒品非其所持有,进而导致案件毒品来源不明,不排除系他人所有的合理怀疑。

第五,在他人独居住处内查获的毒品实物,可认定与另居他处的被追诉人无关。例如,李某某住在广州市白云区,张某某住在广州市海珠区,侦查人员在张某某住处查获毒品,除非有确实、充分的相反证据,否则无法认定李某某与在张某某住处查获的毒品有关。但在司法实务中,与此近似的贩卖毒品罪案件被追诉人被错误羁押的案例绝非个案。

由此可见,办案人员不应单凭毒品实物已被查获的客观事实,便推定被追诉人与已查获的毒品有关,哪怕涉案侦查人员对此已进行长期跟踪等侦查措施。

三、其他在案物证能否证明被追诉人涉案行为构成犯罪

在贩卖毒品罪案件中,除了上述的毒品实物、现金毒资等物证外,还可能涉及用于夹藏毒品的机器、可用于称量重量的电子天平、被追诉人体液或血液、指纹生物痕迹物证等各种各样的物证。其他在案物证,能否证明被追诉人涉案行为构成犯罪,只能根据在案物证的证明力大小,在案证据能否形成完整证据链,然后再结合具体个案进行具体分析。

第一,可根据侦查人员是否在毒品实物上提取到被追诉人的DNA成分,来判断被追诉人涉案行为是否构成犯罪。例如,侦查人员在被追诉人李某某的出租屋内查获××克冰毒,且在毒品外包装擦物上提取到李某某的DNA成分。办案机关据此认定李某某与此案有关,应是有理有据的;但单凭在案的毒品实物无法认定在该涉案出租屋外鱼塘钓鱼的张某某、王某某等人与此案有关,更不能据此毒品实物推定张某某、王某某之间还可能存在其他涉嫌走私、贩卖毒品的犯罪行为。

第二,可根据侦查人员在毒品实物上是否提取到体液、血液或指纹等生物痕迹物证,来判断被追诉人涉案行为是否构成犯罪。例如,侦查人员在李某某租赁的出租屋内查获了毒品实物,但在毒品实物的内外包装物上没有提取到张某某的指纹,仅仅是在出租屋内收集的饮料吸管上提取到张某某的NDA成分。同时,侦查人员还在涉案出租屋内收集的铁丝网上提取到张某某的一枚指纹。对此我们认为,上述饮料吸管物证、唯一的指纹物证只能证明张某某有可能到过该出租屋,并不能据此认定张某某接触过涉案毒品可疑物,或对涉案毒品可疑物进行了物理加工或化学加工,进而不能因此认定被追诉人实施了贩卖、制造毒品的犯罪行为。

第三,可根据侦查人员收集的可用于称量重量的电子天平物证,来判断被追诉人涉案行为是否构成犯罪。例如,侦查人员没有查获毒品,但查获可用于称量重量的电子天平。但在案的电子天平无法证明被追诉人称量的物品是否为毒品,也无法证明称量物品的重量,更无法证明从下家查获的毒品是否来源于被追诉人。因此,此案不能单凭在案的电子天平物证来推定被追诉人涉案行为构成犯罪。

综上所述,笔者认为,在司法实务中,毒品实物未被查获或已灭失,已查获毒品实物属他人所有或来源不明,其他在案物证证明力小,无法证明被追诉人实施了涉案的毒品犯罪行为。这是贩卖毒品罪案件中常见的物证不足,无法定案的无罪案件类型。而物证是法定八种证据之首,且从实证案例反思,诸多贩卖毒品罪案件辩方之所以取得无罪辩护成功的效果,根源就是在案物证不足,无法定案。

作者:黄坚明

从物证视角论证被追诉人认罪口供不具有真实性

【案情简介】

2015年1月8日，缉毒民警在涉案鱼塘将十多名涉毒人员抓获归案。缉毒民警还在涉案鱼塘当场查获××克冰毒和××克氯胺酮，此案可谓人赃并获型涉毒铁案。被追诉人蔡某某、游某某、郑某某等六名涉毒疑犯也当场被抓归案，蔡某某等多名被告人还在侦查阶段曾多次供述其曾五次合计走私、贩卖冰毒，其中冰毒的毒品上家是在涉案鱼塘一并被抓归案的被追诉人陈某某、赵某某。庭审中，陈某某、赵某某对其涉嫌走私、贩卖冰毒（供述数量与上述的冰毒数量相差甚远）犯罪事实供认不讳，并当庭供述其曾出售了××克冰毒给蔡某某、游某某、郑某某三名涉案人员，或直接交付了涉案××克冰毒给涉案被追诉人游某某、郑某某；但蔡某某、游某某和郑某某三人均当庭翻供，明确其庭前认罪口供是非法证据，系其被刑讯逼供、暴力取证之下作出的不实认罪口供，且游某某、郑某某两人都当庭明确其邮寄涉案货柜到境外的事实属实，但涉案货柜内并没有藏匿毒品，邮寄涉案货柜行为系游某某、郑某某两人独立所为，此事与蔡某某完全没有关系。蔡某某在侦查阶段曾认罪过，但自审查起诉阶段起坚持其是彻彻底底的无辜者、案外人，办案人员在其住处查获的××克毒品可疑物也与此案无关。

一审法院判处蔡某某、陈某某两人死刑立即执行，游某某、郑某某、赵某某三人被判处无期徒刑。蔡某某、游某某、郑某某等人均提起上诉，历经多年审理之后，二审法院裁定驳回上诉，维持原判。此案仍在死刑复核程序当中。

【争议焦点】

1. 涉案的××克或××克冰毒是否客观存在，还是纯粹的"纸上毒品"，而根据在案证据能否推定涉案的××克或××克冰毒实物客观存在，进而能否认定被追诉人的庭前认罪口供是否为其真实意思表示。

2. 涉案的人民币××元毒资实物是客观存在的，还是被追诉人在侦查阶段被迫虚构或蓄意虚构的不实认罪口供；人民币××元毒资究竟是实实在在的大额毒资，还是单纯停留在口供层面的"纸上毒资"，无疑是此案最大争议所在，也是蔡某某涉毒一案是否为冤假错案的关键突破口之一。

3. 被追诉人认罪口供所述的多次走私、贩卖毒品的犯罪事实是客观存在的，还是其在侦查阶段被迫虚构或蓄意虚构的不实认罪口供。

4. 在案证据能否证实蔡某某雇请游某某、郑某某走私涉案××克冰毒到国外贩卖的犯罪事实客观存在，还是邮寄涉案货柜行为属游某某、郑某某两人联合其他案外人所为，其两人独立涉案行为与蔡某某涉案行为是否存在刑法意义上的关联性。

5. 在案的陈某某、赵某某认罪口供，以及其指证蔡某某、游某某、郑某某涉毒的认罪口供，能否作为蔡某某、游某某、郑某某等人全案涉毒行为的定案根据，还是可以作为其中一宗走私、贩卖涉案××克冰毒案的定案根据。

6. 在法院认定蔡某某、游某某、郑某某、陈某某、赵某某等人涉案行为构成犯罪的前提下，此案应否、能否对蔡某某、陈某某两人适用死刑立即执行。

因此案的特殊性，此案控辩双方的争议焦点远不止上述6点。因篇幅关系，本文将从物证视角系统分析被追诉人认罪口供的真实性、合法性方面进行论述。

【律师评析】

从辩护结果看，这是一起辩护失败的案件。从案件定性看，这是控辩双方发生根本性分歧的重大复杂涉毒案件，办案机关坚持此案是铁证如山的涉毒案件,且一审法院、二审法院均作出有罪裁决,但三名被追诉人及其辩护律师则始终认为此案是彻彻底底的冤假错案,并当庭力争涉案侦查人员所制作的庭前认罪口供明显是不实口供,无法排除这样的合理怀疑。

一、涉毒案件呈现"张冠李戴"型硬伤

在案"一审判决书"已认定涉案缉毒民警在案发鱼塘查获了××克冰毒和××克氯胺酮,但在缉毒民警仅查获约五公斤毒品实物的情况下,办案机关就推定蔡某某、游某某、郑某某三人走私、贩卖了××克或××克冰毒实物,上述涉案毒品之间是否存在刑法意义上的关联性存疑,其"有罪推定"的断案思维明显不妥。理由如下:

第一,若仅是蔡某某一个人在案发现场,且在案证据可证明涉案的合计达××克毒品实物系蔡某某所有或归其实际控制的,进而推定其走私、贩卖了涉案××克或××克毒品,这在逻辑上具有合理性,但本案绝非如此。须知,上述××克毒品归陈某某、赵某某所有,并非归蔡某某所有,两者之间根本就没有刑法意义上的关联性,起码不具有直接的关联性。

事实上,缉毒民警在案发现场进行抓捕时,其已认定在案的××克毒品系同案人赵某某实际控制的,且现已查明上述毒品系同案人陈某某所有的,一审判决亦认定上述××克毒品与蔡某某无关。由此可见,不管缉毒民警在案发现场查获多少毒品,均无法推定蔡某某、游某某、郑某某三人涉嫌走私、贩卖了涉案的××克或××克冰毒,核心理由是在案发现场查获的毒品实物均属他人所有。

第二,从毒品种类角度分析,因在案发现场查获的毒品分别是××克冰毒和××克氯胺酮,并非单纯的冰毒,且一审判决还认定涉案××克氯胺酮的真正所有权人存疑,实际控制人也不是涉案房屋实际居住人赵某某。这进一步证明此案事实不清,证据不足,无法排除其他案外人参与其中的合理怀疑。这也是此案一审判决认定陈某某、赵某某涉嫌非法持有上述涉案××克氯胺酮之涉案行为不构成犯罪的原因所在。

更关键的是,因案件核心事实存疑,直接导致在案的××克冰毒和××克氯胺酮实物,均无法作为蔡某某、游某某、郑某某三人涉嫌贩卖

××克或××克冰毒一案的定案根据,也不能作为蔡某某、游某某和郑某某三人涉嫌走私××克或××克冰毒一案的定案根据。事实上,一审判决书已认定涉案的××克氯胺酮实物因权属不明,进而认定同案人陈某某、赵某某涉案持有涉案××克氯胺酮的行为不构成犯罪。

第三,从涉案毒品来源角度分析,因蔡某某涉嫌走私、贩卖的××克或××克冰毒,其来源与案发现场查获的毒品来源不同,涉案毒品上家也不同,这直接导致在案发现场的××克冰毒和××克氯胺酮毒品实物,与蔡某某、游某某和郑某某三人涉嫌走私、贩卖的××克或××克冰毒一案无关,致使上述物证无法作为此案的定案根据。

第四,尽管多人在案认罪口供可证实蔡某某曾向陈某某、赵某某购买了涉案的××克冰毒,但涉案的××克冰毒实物没有被查获,在案发现场查获的××克冰毒本身,也不能证明陈某某、赵某某两人曾出售了涉案的××克冰毒给蔡某某。事实上,实际负责接收上述××克冰毒的游某某、郑某某也当庭否认控方的指控,坚持其没有到涉案鱼塘从赵某某手中接收上述的××克冰毒,而其之前作出的认罪口供均是被刑讯逼供之时作出的虚假口供,依法不能作为此案的根据。显然,在案的游某某、郑某某庭前认罪口供与其当庭坚持的无罪辩解相互矛盾应是客观事实,而单凭庭前认罪口供断案的做法则容易酿成冤假错案,这也是我们始终坚持此案事实不清、证据不足,不足以定案的原因之一。

第五,在司法实务中,涉案毒品来源不明,涉案毒品权属不明,涉案毒品实物已灭失,或涉案侦查人员没有查获涉案毒品,均是涉毒案常见的无罪辩护理由所在。更关键的是,言词证据不具有稳定性,物证、书证、监控视频等"客观性"证据的证明力应大于言词证据的证明力,且言词证据容易涉及被追诉人因被刑讯逼供、暴力取证而作出虚假认罪的情形,以及警方线人容易涉及和涉案侦查人员串证等情形。

因此,我们始终坚持,在案发现场查获的××克毒品实物,与蔡某某涉嫌走私、贩卖涉案××克或××克冰毒一案并没有法律上关联性,更不能成为蔡某某涉嫌走私、贩卖××克或××克冰毒一案的定案根据。办案机关在人命关天的毒品大要案中，单凭查获在案的、属他人所有且系他人实际控制的××克毒品实物，就推定蔡某某、游某某、郑某某三人实施了走私、贩卖××克或××克冰毒的犯罪行为，这在逻辑推理上则明显不妥。

二、零星涉毒案与"纸上命案"的关联性何在

在蔡某某及其女友住处查获的××克毒品，无法作为蔡某某涉嫌走私、贩卖了涉案××克或××克冰毒一案的定案根据。蔡某某涉毒案，究竟是零星涉毒案，还是惊天涉毒案件，两者之间的实质性区别何在，关联性何在？两者之间明显具有实质上的区别，且不具有刑法意义上的关联性。具体论述如下：

第一，蔡某某住处并非其一人居住，涉案场所系蔡某某与其女友共同居住的地方。此案在缺乏蔡某某女友证言或供述的前提下，办案机关不能想当然地推定在蔡某某及其女友共同居住的住处查获的涉案××克毒品就是蔡某某本人意图走私、贩卖涉案××克或××克冰毒的铁证。此案无法排除上述××克毒品系蔡某某女友所有或只是用于其两人共同吸食的合理怀疑，更无法排除上述毒品系他人寄存遗忘物的合理怀疑。

第二，假定办案人员在蔡某某住处查获的××克毒品就是蔡某某实际控制的，也是其明知是毒品而故意持有的，但本案也不能认定蔡某某走私、贩卖了××克或××克冰毒，因为两处查获的毒品在数量上、种类上相差甚远且不具有关联性。按常理，走私、贩卖××克毒品与走私、贩卖××克或××克冰毒，无论是事实认定、证据采信上，还是在法律适用上，两者之间都具有本质上的区别。对此，我们始终坚持，本案单凭蔡某某住处藏毒××克的客观事实，便无边界、无范围地推定蔡某某本人实施了走私、贩卖涉案的××克或××克冰毒，这在逻辑上明显是谬误的。有罪推定的前提是具有完整的证据链可证实涉案犯罪事实客观存在，而非一物证在案，便可推定全案涉及的多宗犯罪事实均客观存在，据此推定全案全部犯罪事实均成立。

第三，在蔡某某及其女友住处查获的冰毒××克、吡咯戊酮××克、二亚甲基双氧安非他明××克、地西泮××克，合计××克毒品，与在案发现

场查获的××克冰毒和××克氯胺酮,与蔡某某等人口供所述的××克或××克冰毒实物,在毒品种类上具有本质的区别,也没有任何证据证明涉案毒品实物来源相同。据此,上述××克毒品物证,根本就不能作为蔡某某、游某某和郑某某三人涉嫌走私贩卖××克或××克冰毒一案的定案证据。

第四,从参与人员角度分析,涉嫌与上述××克毒品有关的仅仅是蔡某某及其同居女友或与其他尚未归案的案外人有关,但与涉嫌走私、贩卖上述××克或××克冰毒的所谓同案犯游某某、郑某某无关。上述客观事实亦证明,蔡某某与游某某、郑某某之间根本就不具有共同走私、贩卖上述××克毒品的客观行为和主观故意。

第五,从涉案时间段分析,蔡某某在口供中自认涉案的××克毒品系其他案外人寄存在其住处的,时间长达两三年之久,与蔡某某、游某某和郑某某涉嫌共同走私、贩卖上述××克或××克冰毒所应对的案发时间某年6月至同年12月15日期间的时间段明显不符。这进一步证明,此案根本就不存在蔡某某、游某某、郑某某共同走私、贩卖××克毒品的共同涉案客观行为和共同犯罪的主观故意。

第六,此案存在相反的、可证明犯罪指控不成立的相反无罪证据及事实,可证明在案证据不足以证实蔡某某涉嫌走私、贩卖涉案××克毒品的相反无罪证据及事实。最核心理由是此案缺乏上述××克毒品包装物的人特异性基因成分鉴定意见。陈某某、赵某某实际控制上述××克氯胺酮的行为,并没有被一审法院认定为犯罪行为,最根本原因是在上述××克氯胺酮外包装物擦拭物上提取到、鉴定出未知女性所留的人特异性基因成分。同理,在上述××克毒品包装物上并没有提取到、鉴定出蔡某某、游某某、郑某某三人的人特异性基因成分。因此,基于相同指控逻辑和入罪证据体系,此案应认定蔡某某持有涉案××克毒品的行为不构成犯罪。

因此,机械办案、有罪推定、先入为主是办案大忌,也是诸多涉案冤案得已酿成的根源所在。

三、"住处藏毒"不等于"铁证如山"

我们不否认,办案人员确实在蔡某某住处查获××克毒品实物,但在案

××克毒品实物本身无法证实蔡某某明知涉案毒品客观存在仍蓄意持有。住处藏毒的客观事实也不足以证明蔡某某行为必然构成犯罪。理由如下：

第一，本案单凭办案人员在蔡某某住处查获的××克毒品实物本身并不能证明蔡某某明知涉案物品是毒品仍故意持有，最直接原因是此案不能排除蔡某某同居女友持有上述毒品的合理怀疑，也不能排除蔡某某及其同居女友主观上不知情而主观要件不符的合理怀疑，更不能排除涉案××克毒品系他人寄存遗忘物的合理怀疑，毕竟涉案毒品被存放在其住处已达数年之久。事实上，本案单凭涉案毒品已被存放数年的客观事实，就足以证明被追诉人主观上不是明知，其客观上也没有任何意图走私、贩卖或吸食上述涉案的××克毒品的客观行为及主观故意。

第二，此案不能单凭蔡某某、游某某、郑某某三人庭前作出的认罪口供来认定蔡某某涉嫌持有上述××克毒品的行为构成走私、贩卖毒品罪，原因是游某某、郑某某庭前作出的认罪口供与涉案的××克毒品无关。此案也不能单凭蔡某某本人作出的庭前认罪口供，来认定其持有上述××克毒品的行为构成犯罪，毕竟其归案后也一直否认其被抓归案之前曾知晓其住处内存放着涉案的××克毒品。在办案人员无法提供其他证明力更强的铁证之前，我们不能想当然地推定蔡某某涉案行为构成犯罪。

第三，蔡某某归案之后，一直坚称办案人员在其住处查获的××克毒品系他人所有的物品，是他人寄存在其住处的物品。因上述××克毒品的真正所有权人已死亡，其无法申请该证人出庭作证以证明蔡某某自己的清白。

第四，蔡某某始终坚持其没有接触过上述的××克毒品，更没有打开过夹藏上述××克毒品的塑料盒子，更没有接触上述盒子里面存储的涉案毒品实物。办案人员对提取上述毒品的过程已进行全程录音录像，该搜查过程的同步录音录像可证明涉案××克毒品处于密封状态。更关键的是，办案人员在涉案袋子、透明袋子、益达瓶子等藏毒物品上并没有提取到蔡某某的指纹、体液和人特异性基因成分等生物物证，进而导致此案无法排除蔡某某没有接触过上述××克毒品，其主观上根本不知悉其住处内存放有××克毒品的合理怀疑。

第五，如上所述，办案民警是在蔡某某和其女友共同居住的房屋里查获上述××克毒品的。显而易见的是，蔡某某的女友既可能是涉案××克毒品相关联毒品犯罪活动的重要嫌疑人，也可能是此案的重要证人，不管是证人也好，犯罪嫌疑人也好，缉毒民警均应找蔡某某的女友制作相应的询问或讯问笔录，进而查明其是否涉嫌毒品犯罪。办案人员在没有找蔡某某女友制作相应笔录的前提下，直接推定涉案××克毒品系蔡某某所有，并进而推定蔡某某具有走私、贩卖上述××克毒品的客观行为和主观故意，这样的逻辑推理明显不妥。

第六，本案单凭涉案××克毒品在蔡某某及其女友住处存放时间超过两三年的客观事实，就足以反证蔡某某及其女友根本就没有走私、贩卖涉案××克毒品的客观行为和主观故意，也可以进一步推定其根本就没有实施任何毒品犯罪行为及主观故意。若上述××克毒品系蔡某某或其女友购买的，购买之后既不贩卖，更没有吸食，且持续时间超过两三年，这完全不符合常理。本案单凭此事实，就可推定蔡某某根本就没有走私、贩卖毒品的客观行为和主观故意，除非办案人员可提供相反或者是证明力更强的有罪证据方可推翻此结论，但本案绝非如此。

因此，我们始终坚持在案的××克冰毒和××克氯胺酮毒品实物，以及在蔡某某及其女友住处查获的××克毒品实物，均无法证明蔡某某具有走私、贩卖××克氯胺酮或××克冰毒的客观行为和主观故意，更无法证明其涉案行为构成犯罪。

作者：黄坚明

对指控贩卖海洛因案件刑期的探析

【案情简介】

2018年9月21日22时许,被告人蔡某某在某市某出租屋内,以300元的价格将××包白色粉末(净重××克,检出海洛因成分)贩卖给群众张某某,交易完成后在上述出租屋被民警人赃并获,民警还在房内的床上和电视柜上查获4包白色粉末(净重分别是××克、××克、××克、××克,均检出海洛因成分)。

一审法院以贩卖毒品罪判处被告人蔡某某2年有期徒刑,并处罚金人民币3000元。

【争议焦点】

指控被告人蔡某某贩卖海洛因的数量的证据是否确实充分?

【律师评析】

从扣押清单、称量录像可以看出,上述从床上和电视柜上查获的××包白色粉末实质上是××包透明塑料袋,内均有多个红色塑料袋包装的白色粉末状物品。

办案人员称量前将同一个透明塑料袋内的多个红色塑料袋包装拆开,倒进同一个警用专用袋内称量,得出该透明塑料袋内疑似毒品的净重,违反了不得混合后称量和不同包装的疑似毒品不得混合的规定,导致无法区分混合前每小包红色塑料袋内疑似毒品的性质,且该行为不可逆转。

虽然本案查获的疑似毒品净重共计××克，但由于办案人员的上述违规行为导致无法查清鉴定为毒品的物品数量究竟是多少，辩护律师建议按照有利于被告人的原则裁判，在3年以下有期徒刑对被告人蔡某某量刑。

法院认为，已经贩卖给张某某的××包毒品海洛因（净重××克）计入贩毒数量；对于从床上和电视柜处查获的检出海洛因成分的物品，仅应当认定部分为毒品。

对于涉案物品的包装情况，法院认为，床上缴获的1包透明塑料袋内有××小包红色塑料袋独立包装的白色粉末状物品。从电视柜处查获了××大包透明塑料袋包装着的物品，里面分别装有××小包、××小包、××小包红色塑料袋独立包装。

对于检材检出海洛因成分的事实，法院认为不能证实全部物品均为毒品。法院认为办案人员的上述混合后称量取样的行为存在重大瑕疵，且结果不可逆转，致使与之对应的毒品成分检验结果的真实性、客观性存疑，故目前证据尚未达到确实、充分的证明标准，无法排除合理怀疑，不足以推定从上述两处位置查获的共××小包粉末状物品中均含有海洛因成分。

法官对于如何处理毒品数量认定提出创造性观点。法官提出，每大包物品净重除以该大包内小包装的个数，得出该大包内每小包的平均数量，由于××大包粉末中均检出了海洛因成分，根据合理推定以及存疑有利于被告人原则，现仅能从每大包中各取其中××个小包的平均数量来认定属于海洛因毒品，不能将从房间内查获的全部粉末重量均视为毒品计入。

因此，法院认定，本案贩卖毒品海洛因的数量应至少为××克，但因尚不能排除合理怀疑，故根据现有证据，不足以认定其已经达到了××克以上的犯罪情节，故公诉机关指控贩毒数量××克的证据不足，本院不予支持；被告人蔡某某的辩护人关于本案毒品数量的有关意见，本院予以采纳。被告人蔡某某犯贩卖毒品罪，判处有期徒刑2年，并处罚金人民币3000元。

本案判决的一大创新是每大包物品的净重除以该大包内全部小包装的个数，得出每小包的平均重量，认定其中一个小包装内的粉末为毒品，其他小包装内的粉末均不是毒品。这个创新即解决了从每大包提取的样品中检出海洛因成分的问题,也遵循了有利于被告人的裁判原则。

【重要法律条文】

《中华人民共和国刑法》第三百四十七条第三款规定,走私、贩卖、运输、制造鸦片不满二百克、海洛因或者甲基苯丙胺不满十克或者其他少量毒品的,处三年以下有期徒刑、拘役或者管制,并处罚金;情节严重的,处三年以上七年以下有期徒刑,并处罚金。

2015年《武汉会议纪要》规定,抓获贩毒人员后,在其住所、车辆等处查获的毒品,一般均应认定为其贩卖的毒品。

2016年《办理毒品犯罪案件毒品提取、扣押、称量、取样和送检程序若干问题的规定》第十五条第一款规定,对两个以上包装的毒品,应当分别称量,并统一制作称量笔录,不得混合后称量。

作者:王红兵

找到"案眼",精准辩护

【案情简介】

2017年6月15日21时许,在广州某区某巷口,张某某向李某某贩卖"奶茶"毒品××克,收取李某某毒资人民币××元,刚交易完毕,张某某就被提前布控的便衣警察抓获。经鉴定,涉案"奶茶"毒品检出了MDMA成分。2017年9月21日,一审法院向张某某送达起诉书副本,起诉书记录适用《中华人民共和国刑法》第三百四十七条第四款追究被告人张某某贩卖毒品罪法律责任。2017年11月13日,一审法院第一次开庭,公诉人量刑建议是对被告人张某某判处1年6个月以下有期徒刑。被告人张某某没有律师为其辩护。2017年12月4日,一审法院第二次开庭,公诉人当庭口述更正起诉书,将起诉书中适用法律条款"《中华人民共和国刑法》第三百四十七条第四款"更正为"《中华人民共和国刑法》第三百四十七条第三款",并提出新的量刑建议:对被告人张某某适用七年以上九年以下有期徒刑。次日,一审法院送达一审判决书,判定张某某犯贩卖毒品罪,判处其有期徒刑7年。2018年2月28日,笔者担任上诉人张某某二审辩护律师。笔者在阅卷、会见基础上先后提交了3份辩护词,建议二审法院撤销原判发回重审。2018年4月9日,二审裁定撤销原判,发回重审。

【争议焦点】

1. 公诉人当庭更正起诉书的行为是否程序合法?
2. 一审法院准许公诉人当庭更正起诉书是否程序合法?

【律师评析】

一、公诉人当庭更正起诉书行为的法律分析

《人民检察院刑事诉讼规则》第四百二十三条前半段规定，事实、证据没有变化，但罪名、适用法律与起诉书不一致的，可以变更起诉。《人民检察院刑事诉讼规则（试行）》第四百六十一条规定，变更起诉应当报经检察长或者检察委员会决定，并以书面方式在人民法院宣告判决前向人民法院提出。依照上述规定，符合法定程序的做法是公诉人在发现起诉书适用法律错误后，应当报经检察长或者检察委员会决定，并以书面方式在法院宣告判决前向法院提出，故公诉人当庭更正起诉书适用法律条款的行为没有法律依据，且违反了上述规定。

二、一审法院准许公诉人当庭口述更正起诉书适用法律条款行为的法律分析

一审法院准许公诉人当庭口述更正起诉书法律适用条款的做法没有法律依据。《中华人民共和国刑事诉讼法》第一百八十二条第一款规定，人民法院决定开庭审判后，应当确定合议庭的组成人员，将人民检察院的起诉书副本至迟在开庭 10 日前送达被告人及其辩护人。笔者认为，该条款规定的起诉书副本包括变更起诉书副本。之所以规定至迟在开庭前 10 日送达起诉书副本是因为要给被告人聘请辩护律师的时间，准备开庭的时间，给辩护人准备开庭的时间。

一审法院的违法之处是由于其准许公诉人当庭口述更正起诉书适用法律条款的做法导致其没有依法提前十日将变更的起诉书送达给被告人张某某，违反了《中华人民共和国刑事诉讼法》第一百八十二条第一款规定，导致被告人张某某没有时间请律师为自己辩护，也没有时间为自己作辩护准备。

笔者还认为，公诉机关和一审法院均实质性侵犯了被告人张某某的辩护权。

起诉书适用法律条款从《中华人民共和国刑法》第三百四十七条第四款

变更为《中华人民共和国刑法》第三百四十七条第三款，绝不是简单的一个字的改变，前者法律条款最高量刑是 3 年，后者法律条款最低量刑是 7 年，最高可以相差 15 年刑罚，故公诉人应当就起诉书适用法律条款变更事宜按照规定报检察长或者检委会决定，而不是当庭口头更正。

一审法院没有在开庭前 10 日送达变更后的起诉书副本绝不是仅违反一个法律条款问题，尤其是开完第二次庭的次日就送达一审判决书的做法非常草率。这种做法根本没有给被告人张某某请律师的时间，甚至不能排除第二次开庭只是走程序的合理怀疑，一切在第二次开庭前就已经决定了。一审法官很清楚起诉书适用法律条款的变更直接影响被告人的量刑，其应当慎重依法处理，应当在再次开庭前要求检察院移送变更后的起诉书，并在第二次开庭 10 日前送达给被告人，这样才能充分保证被告人的辩护权。

而公诉人当庭变更起诉书，新的量刑建议书为 7 年以上 9 年以下，令被告人张某某措手不及，第二天一审法院就送达了一审判决书，根本没有给被告人张某某请律师的机会，也没有给被告人张某某准备辩护的时间。

张某某在 2017 年 12 月 4 日第二次开完庭后回到看守所，就马上请管教给张某某的母亲打电话请律师，并立即写信给其母亲表达了请律师的决定。

三、假定涉案"奶茶"检出了毒品成分分别是 MDMA 和氯胺酮，MDMA 含量极低，氯胺酮含量不是极低，则一审判决适用法律错误

假定××克奶茶中氯胺酮为××克，MDMA 为××克（固体含量×× %），虽然 MDMA 成分定罪量刑数量标准比氯胺酮成分低，但由于 MDMA 含量极低，故可以按照氯胺酮成分确定奶茶毒品种类，本案奶茶毒品应当确定为氯胺酮毒品。依照有关司法解释，按照 10∶1 比例，将××克奶茶折算为××克海洛因，依照《中华人民共和国刑法》第三百四十七条第四款规定，应当在 3 年以下对张某某量刑，故一审判决适用法律错误，导致量刑错误。

本案中由于没有对涉案奶茶毒品做全面的毒品成分鉴定，也没有相应毒品成分的含量鉴定，故无法排除第二种假设情况存在的可能性，本案一审部分事实不清，二审法院可以发回重审，切实保证被告人的辩护权利。

一审法院没有查清的上述部分事实对被告人张某某量刑有较大影响。第一种假设情况对被告人张某某的量刑是 7 年以上有期徒刑，并处罚金；第二种假设情况对被告人张某某的量刑是 3 年以下有期徒刑、拘役或管制，并处罚金。这两种假设情况量刑差别巨大，结合本案，可以相差 6 年时间。从这个角度考虑，一审判决显然太草率了。

四、本案共有三名被告人，一审阶段他们均没有聘请律师

一审法院受理本案起诉时间发生在《广东省高级人民法院、广东省司法厅关于开展刑事案件律师辩护全覆盖工作的实施办法（试行）》（2018 年 4 月 10 日）颁布之前，故一审法院没有义务为三名被告人指定法律援助律师。但笔者认为，一审判决的不正和本案没有律师参与有相当大的关联。三名被告人不是学法律的，他们不了解法律条文，且一审法院也没有给他们任何机会。

本案二审受理时间发生在《广东省高级人民法院、广东省司法厅关于开展刑事案件律师辩护全覆盖工作的实施办法（试行）》（2018 年 4 月 10 日）之后，故二审法院为上诉人张某某指派了律师。笔者被指派担任上诉人张某某的二审法援律师，发现了本案存在的可能影响量刑的上述问题。

本案二审法院发回重审的理由不是常见的"事实不清"或"事实不清，证据不足"。本案二审法院认为，原公诉机关当庭变更起诉书，但未提供书面的变更起诉书并依法送达各上诉人，导致原审程序存在瑕疵，可能影响各上诉人诉讼权利的行使和案件的公正审理。笔者认为，二审法院发回重审的裁定是符合法律规定的，影响被告人诉讼权利行使和案件公正审理的程序瑕疵不能被忽视，即使实体审理没有任何瑕疵。

综上所述，笔者在本案中找准了"案眼"，使得二审法院裁定撤销原判发回重审。

作者：王红兵

运输毒品罪的认定：
毒品数量、运输目的、毒品用途等

【案情简介】

案例一：A 省 B 市被告人包某某于 2018 年 10 月 10 日驱车到二百多公里外的省会城市 C 市花费××元购买了××克冰毒。同日，返回 B 市路上被办案人员抓获，办案人员从车上搜出了××克冰毒。起诉书指控被告人包某某犯非法持有毒品罪。

一审法院判决被告人包某某犯非法持有毒品罪，判处被告人包某某 7 年 6 个月有期徒刑，罚金人民币 3000 元。

案例二：2016 年 6 月 2 日 21 日，被告人钟某某在 A 市 B 区某路口向同案人蔡某某购买××克冰毒。交易完成后，被告人钟某某驾车离开，在同市 B 区某快速干线入口处被抓，当场缴获冰毒××克，被告人钟某某始终供述买毒品是自己吸食的，是在回家路上被抓。被告人钟某某有一个故意伤害罪前科和一个非法持有毒品罪前科。

一审法院以贩卖毒品罪判处被告人钟某某死缓，二审以运输毒品罪判决上诉人钟某某死缓。

【争议焦点】

运输毒品罪和非法持有毒品罪如何认定？

【律师评析】

运输毒品罪和非法持有毒品罪在量刑上有很大区别。运输 50 克以上冰毒应当判处 15 年有期徒刑、无期徒刑，运输毒品罪最高可以判处死刑。非法持有 50 克以上冰毒应当判处 7 年以上有期徒刑，非法持有毒品罪最高可以判处无期徒刑。

运输毒品的过程必定是非法持有毒品的过程，如何区分这两个罪名？笔者认为首先要了解这两个罪名的定义。2012 年《最高检、公安部关于公安机关管辖的刑事案件立案追诉标准的规定（三）》第一条第五款规定，本条规定的"运输"是指明知是毒品而采用携带、寄递、托运、利用他人或者使用交通工具等方法非法运送毒品的行为。该法第二条第三款规定，本条规定的"非法持有"，是指违反国家法律和国家主管部门的规定，占有、携带、藏有或者以其他方式持有毒品。这两个罪名最大的不同是一个是非法运送毒品行为，一个是非法持有毒品行为。

在被告人自己住所查获的毒品，不应当定运输毒品罪，因为没有非法运送的行为，除非是运输毒品罪的共犯。在行驶的车辆里查获的毒品，是否定运输毒品罪，要综合考虑各种因素，谨慎认定。

在司法实践中，往往以携带毒品驾车是否跨市为界认定是否构成运输毒品罪，笔者认为，除此之外，还需要同时考虑其他因素，综合认定是否构成运输毒品罪。

1. 被告人是否吸毒。如果被告人不吸毒，其携带毒品驾车跨市运输必有不良企图。如果被告人吸毒，则要看被告人口供，他是如何供述毒品用途的。

2. 毒品用途。如果被告人说购买毒品是为了贩卖，则认定为贩卖、运输毒品罪问题不大；如果被告人始终说购买毒品是自己吸食的，则要考虑合理吸食毒品数量，谨慎考虑是否定运输毒品罪。

上述两个案例中被告人均始终供述说毒品是用来自己吸食的，且尿检结果显示他们均是甲基苯丙胺呈阳性。判决结果是行驶距离跨市的包某某被认定为非法持有毒品罪；行驶距离仍在同一个县级行政区域内的钟某某被认定为运输毒品罪。

3. 目的地。查清涉案毒品的目的地有利于准确界定罪名。如果犯罪嫌疑人供述说因购买毒品在回家路上被抓了，并且有证据证明被抓地点是其回家必经路线或者说是优先选择路线，则要谨慎认定运输毒品罪，因为他的目的不是运送毒品，而是为了回家暂时动态地持有毒品。

案例一中包某某的非法持有毒品罪罪名认定笔者认为是恰当的、准确的，因为证据显示包某某就是在回家路上被抓的。案例二中钟某某的运输毒品罪罪名认定笔者认为是错误的，因为证据显示钟某某就是在回家路上被抓的，且从其收货到被抓均在同一个县级行政区域内发生的，相距仅几公里。一审法院认定钟某某构成贩卖毒品罪的理由是这么大数量的毒品不可能自己吸食，故推定其贩卖；二审法院纠正了一审的错误认定，变更罪名为运输毒品罪，但是量刑不变。但笔者认为应定非法持有毒品罪是恰当的。

4. 毒品数量。如果被告人携带公斤级别毒品跨市运输，在贩卖证据不充分的情况下，定运输毒品罪问题不大，因为被告人花费几十万购买公斤级别毒品需要吸食数年时间才能吸食完毕，故被告人供述说是自己吸食的说法不合理。如果被告人携带十多克或者一两百克毒品跨市运输，在被告人始终供述是自己吸食且是在其回家路上被抓的情况下，定运输毒品罪应当谨慎。因为一两百克毒品在吸食的合理数量范围内，至少不能排除这种合理怀疑。

案例一中被告人包某某携带毒品数量大，达到了××克，笔者认为在没有其他证据证明被告人贩卖的情况下，不宜对被告人定运输毒品罪。

5. 被告人是否有贩卖毒品的前科。如果被告人有贩卖毒品的前科，又因为携带毒品跨市运输，即使贩卖证据不充分，这个前科也会增大定运输毒品罪的概率。

案例一中被告人包某某虽然有贩卖毒品罪前科，但那是1999年发生的案件，判处有期徒刑1年。在今后长达20年的时间里，被告人没有贩毒前科。案例二中被告人钟某某虽然有两个前科，但没有贩卖毒品罪的前科。

6. 被告人与他人之间的微信聊天记录、通话记录有时候也能证明被告人携带毒品跨市运输的企图。现在的技术足以恢复被删除的微信聊天记录、通话记录等。即使被告人坚称购买的毒品是自己吸食的，但这些客观性证据有时候可以证明被告人说的是谎话。即使他们之间是用暗语交流，法官足以判断这些客观性证据所能反映出的事实，继而对被告人定罪量刑。

7. 银行转账记录。如果被告人银行账户内有大额资金往来，且被告人没有正当职业，他们往往辩解说是赌博赢来的或者说是放高利贷得来的，但又拿不出证据。这些虚假抗辩是瞒不过法官眼睛的。在这种情况下，被告人携带毒品跨市运输，则会加大定运输毒品罪的概率。

8. 被告人的职业。毒品犯罪人员很多是无业的。没有工作，又经常吸毒，而吸食毒品需要花费不少的钱，故很多毒品犯罪人员往往是以贩养吸。这也是庭审阶段公诉人倾向于讯问被告人收入来源的原因。被告人没有正当职业和合法收入，携带毒品驾车跨市运输会加大定运输毒品罪的概率。

综上所述，不能仅依据携带毒品驾车是否跨市而认定是否构成运输毒品罪，也不宜根据距离远近认定其是否构成运输毒品罪。认定运输毒品罪应当结合运输的主观方面、运输目的、毒品数量、用途等，还有结合其他证据综合判断运输毒品罪是否构成。

作者：王红兵

混合称量、超范围鉴定、使用错误标准鉴定的有效辩护

【案情简介】

一审法院审理查明，张某某租用李某某的山庄制造氯胺酮，李某某协助张某某加热烘干、打扫卫生、倒制毒废水等事务。制造完成后，张某某将氯胺酮成品、半成品及制毒工具存放于张某某的住处。在张某某住处查获氯胺酮成品××克，含有氯胺酮的液体××克。一审法院还查明，第二被告人李某某自行在山庄制造冰毒少量。故一审法院以制造毒品罪判处第一被告人张某某死刑，剥夺政治权利终身，没收个人全部财产；以制造毒品罪判处第二被告人李某某无期徒刑，剥夺政治权利终身，没收个人全部财产。

【争议焦点】

1. 混合称量疑似毒品是否影响毒品数量认定？
2. 取样不规范是否影响毒品数量认定？
3. 低于电子天平最小秤量是否影响毒品数量认定？
4. 超范围鉴定、使用错误标准鉴定是否影响鉴定文书真实性、合法性？

【律师评析】

一、混合后称量疑似毒品违反了法律规定，导致毒品数量事实不清

一审法院查明张某某制造氯胺酮××克，其中××克是氯胺酮成品（晶体形态），含量××%以上；剩余××克是含有氯胺酮成分的液体，含量在

15%~22%之间。

但一审法院忽略了一个事实：混合后称量疑似称量违反了法律规定，导致毒品数量不清。

××克氯胺酮成品分别装在××个茶叶袋里，每袋××克。其中，一部分放在一个红色行李箱里，还有一部分放在一个绿色行李箱里。称量时，办案人员分别将两个箱子里的全部茶叶袋拆开，将里面的氯胺酮倒进一个大塑料袋里，称出该行李箱内氯胺酮的净重。

办案人员上述操作系混合后称量，也就是说将不同包装的疑似毒品倒进同一个大塑料袋里，该操作违反了法律规定，导致无法区分哪一包茶叶袋内是毒品，哪一包茶叶袋内不是毒品，且该操作不可逆转。

二、取样不规范影响毒品数量认定

称量录像显示办案人员用勺子从上述大塑料袋内的晶体堆上部取出一勺，将取出的晶体倒进样品袋里封存送检。依照法律规定，办案人员应当先把大塑料袋内的晶体充分混合后随机提取不少于1克的检材送检。充分混合是关键，否则取出的检材不能代表该批晶体的性质。

上述违规操作导致取样不具有代表性，不符合法律规定，也不符合取样标准。虽然检材检出氯胺酮含量××%以上，但该检验报告只能反映晶体堆上部的性质，不能反映晶体堆中部、底部的性质。

当然，另行重新规范取样能弥补上述两项证据实质性瑕疵，但问题是距离案发时间已经过去4年了，涉案氯胺酮有可能会变质。

三、低于最小秤量的疑似毒品称量结果不应当采信

每台秤都有自己的称量范围，称量范围内的称量结果是准确有效的，超出称量范围的称量结果是不准确的。

办案人员称量与第二被告人李某某有关的冰毒质量时，用的是一台分度值5克、最大秤量60公斤的台秤。这样的台秤最小秤量是100克。用这样的台秤称量出××克的冰毒质量显然是不准确的，违反了法律规定。100克以下的毒品质量要求电子天平实际分度值必须达到0.01克，用分度值5克的台

秤称量显然不符合法律规定；且该台秤最小秤量是 100 克。低于最小秤量的称量结果××克，该结果是不准确的。

一审法院认定李某某自行制造的冰毒晶体××克、含有冰毒成分的液体××克，是有瑕疵的。

四、超范围鉴定、使用错误标准影响鉴定文书真实性、合法性

本案有争议的鉴定意见有两份，一份是公安鉴定机构作出的关于氯胺酮晶体含量的鉴定意见；一份是某大学鉴定机构作出的关于氯胺酮液体含量的鉴定意见。公安鉴定机构作出的鉴定意见使用了一种不在 CMA 认证范围内的鉴定方法，国家认证认可鉴定管理委员会认定该公安鉴定机构作出的超范围的鉴定意见不具有对社会的证明作用。某大学鉴定机构出具的鉴定意见使用的标准是 GB/T 29636－2013（关于甲基苯丙胺定性定量的国标），但鉴定意见是检出了氯胺酮的含量。辩护人提出质疑，该鉴定机构出具情况说明称鉴定意见漏写了 GB/T29637－2013（关于氯胺酮定性定量的国标）检测标准。一审法院均采信这两份鉴定文书，没有应辩护人要求重新鉴定或者补充鉴定。

综上，办案人员混合称量不同包装的疑似毒品、取样不规范以及低于最小秤量的称量导致毒品数量不清；鉴定人员超范围鉴定、使用错误标准鉴定也实质性影响鉴定文书的真实性、合法性。

作者：王红兵

毒品死刑案件：混合后称量，没有含量鉴定

【案情简介】

2018年3月2日，张某某通过银行转账汇款港币××元给李某某购买海洛因。该毒品在运输给李某某的途中被A省公安总队查获，共计××包毒品。经称量，该××包毒品净重共计××克，送检的五个检材均检出海洛因成分。李某某获悉毒品失踪后，当即退还港币××元给张某某。

2018年3月28日，李某某电话联系张某某称另一批货到了。张某某再次通过银行转账汇款港币××元给李某某购买海洛因。同日，张某某携带××元港币现金赶到B省甲市按照约定的地点找到了李某某。李某某交付××克海洛因给张某某，并收取了××元港币现金。

张某某携带毒品返回途中被办案人员抓获，办案人员从张某某身上搜出××克海洛因；同日，办案人员抓获了李某某，在李某某家中查获港币××元。

【争议焦点】

能否将涉案毒品数量××克降到甲市法院实际掌握的死刑毒品数量××克以下？

【律师评析】

在第一单贩毒案的卷中，通过物证照片和提取毒品照片，笔者发现五包毒品外包装均为大袋包装，类似于咖啡袋包装，每个大袋内均有数××个小

袋包装，每个小袋包装内均有白色粉末。

笔者还注意到办案人员在称量毒品时，先将电子称归零，再将容器放到电子称上归零，然后将一个大袋内的全部小袋包装拆开，将这些小袋包装内的白色粉末倒进该容器内，放到电子称上称量得出该大袋毒品的净重，然后提取该容器内部分白色粉末送检。对其他××个大袋称量毒品均是相同操作，共计得出××个称量结果，净重共计为××克。

A省办案人员上述混合毒品后称量的操作行为严重违反了《办理毒品犯罪案件毒品提取、扣押、称量、取样和送检程序若干问题的规定》第十五条关于称量时不得混合、不同包装毒品不得混合的规定，导致无法区分混合前哪些小袋包装内的白色粉末是海洛因，哪些不是海洛因，且该操作不可逆转。

虽然每个检材均检出海洛因成分，但不足以证明××克均是海洛因毒品。从有利于被告人利益角度出发，××克中的绝大部分数量不应当计入定罪量刑的毒品数量。

毒品死刑案件中，指控的毒品数量是否构成死刑毒品数量，是辩护人的主要工作内容之一。

作者：王红兵

毒品案件中关于立功认定的辩护

【案情简介】

2016 年，买家刘某通过中间人联系上卖家陈某，然后通过微信多次向卖家陈某提出购买冰毒。在约定的时间和地点，买家刘某和卖家陈某准备毒品交易时被设伏的警察抓获，警察在卖家陈某驾驶的车内当场缴获冰毒××克。次日，卖家陈某带领警察找到其上家住处，警察当场抓获其上家张某，并在该住处缴获冰毒××克、氯胺酮××克等毒品一批。检方批捕了卖家陈某，但以事实不清、证据不足为由没有批捕上家张某。随后，上家张某被取保候审。

一审法院判决卖家陈某犯贩卖毒品罪，判处有期徒刑 15 年，剥夺政治权利 5 年，没收个人财产 15 万元。

一审法院认为：

1. 卖家陈某不构成立功，理由是检察院以事实不清、证据不足为由没有批捕上家张某，上家张某被释放了，办案人员至今没有提供足够证据证明上家张某构成犯罪而予以追诉，卖家陈某提供线索并带领办案人员抓获他人的行为不构成立功。

2. 经查，本案是买家刘某愿意配合公安机关抓捕，公安机关采取"实施控制下交付"的侦查措施抓获卖家陈某从而破获的，公安机关的侦查程序和侦查行为合法。

二审法院改判卖家陈某犯贩卖毒品罪，判处有期徒刑 14 年，剥夺政治权利 3 年，罚金人民币 14 万元。

二审法院认为：

1. 卖家陈某归案后引领民警抓获嫌疑人上家张某，民警当场缴获冰毒××克、氯胺酮××克等毒品一批，可认定其有立功表现。

2. 根据在案证据，卖家陈某具有贩毒毒品的故意，其犯意并非在特情诱惑下形成，公安人员采取"实施控制下交付"的方式破获本案，不属于特情引诱。

3. 本案存在特情介入情节，可酌情从轻处罚。

【争议焦点】

陈某是否构成立功？

【律师评析】

1. 卖家陈某协助办案人员抓获其上家张某、扣押一批毒品的行为构成立功，应当减轻处罚卖家陈某，检察员也对此当庭认可并建议改判卖家陈某。

（1）在案证据充分证明卖家陈某被抓获后主动供述了涉案疑似毒品来源并带领办案人员前往某出租屋抓获了上家张某，缴获冰毒××克，氯胺酮××克，折合海洛因共计××克。这批毒品如果被贩卖，贩卖毒品人量刑应当在七年以上；这批毒品没有流入社会，没有危害社会，从源头上阻止了该批毒品被用来实施犯罪的可能性，依据1998年《最高法院关于处理自首和立功具体应用法律若干问题的解释》第五条，这种行为应当属于"其他有利于国家和社会的突出表现的行为"，卖家陈某应当构成立功。

（2）本案侦查机关认为上家张某涉嫌犯罪，而检方以事实不清、证据不足为由没有批捕上家张某，但辩护人认为法院有权力依据事实和法律独立审查判断并认定当事人是否构成立功，故法院应审查全案证据综合判断卖家陈某是否构成立功。

辩护人提供了4份在案证据支持上家张某确实构成了犯罪：第一份证据是卖家陈某的供述和辨认，卖家陈某指认张某系上家，并辨认出张某；第二份证据是出租屋房东的指认和辨认，该房东指认和其签租赁合同的租客就是上家张某；第三份证据是上家张某的手机号与卖家陈某的手机号在卖家陈某被抓之日前后几天时间里的通话记录，尤其是交易当日，双方频繁相互通话；第四份证据是办案人员在抓获上家张某的出租屋现场搜出了数十包毒品的照片、讯问笔录和鉴定意见书，这些证据足以证明上家张某涉嫌毒品犯罪。

2. 本案存在特情"犯意引诱"，应当从轻处罚卖家陈某。

根据在案材料，特情刘某向侦查机关提供了一条线索，称有个叫"阿牛"的人自称可以找到毒品，但刘某没有向侦查机关提供任何证据支持刘某的陈述，侦查机关就安排刘某假装购买毒品联系"阿牛"，"阿牛"介绍卖家陈某给刘某。

公安抓获卖家陈某之日前两日，侦查机关设伏预抓捕，但卖家陈某没有来，侦查机关等了个空，经办警官要求刘某继续引诱卖家陈某贩毒，卖家陈某就向上家赊购毒品，后来发生了本案。由于本案存在犯意引诱，根据2008年《全国部分法院审理毒品犯罪案件工作座谈会纪要》，应当从轻处罚卖家陈某。

作者：王红兵

是非法生产、买卖制毒物品罪，还是制造毒品罪

【案情简介】

张某某等人从复方茶碱麻黄碱片中提炼出麻黄碱并对外大量销售。张某某等人被抓获后，办案人员在提炼现场查获××克麻黄碱。办案人员还抓获了张某某的下家。公诉人以张某某等人涉嫌制造毒品罪起诉到法院。公诉人认为，从药品中提炼出麻黄碱并高出市场麻黄碱数倍价格销售，这种麻黄碱必定用来制毒，张某某对此是明知仍继续销售，构成制造毒品罪，属于犯罪预备形态，即为他人制造毒品制造条件。如果公诉人指控其涉嫌制造毒品罪成立，则量刑会突破有期徒刑限制，最高可以判死刑。

一审法院以非法生产、买卖制毒物品罪判处被告人张某某十年有期徒刑。

张某某不服一审判决，提起上诉。上诉时辩护的突破口就是降低制毒物品数量。

根据《刑法》第三百五十条和2016年《最高人民法院关于审理毒品犯罪案件适用法律若干问题的解释》第七条、第八条规定，非法生产、买卖麻黄碱入罪门槛是非法生产、买卖麻黄碱××克，低于该数量是不构成犯罪的；非法生产、买卖麻黄碱××克以上的，属于情节严重，量刑起点是三年；非法生产、买卖麻黄碱××克以上的，属于情节特别严重，量刑起点是七年。

显然，制毒物品数量不同，量刑起点不同；制毒物品数量不同，具体量刑也不同。

二审法院审理查明，虽然张某某供述共计销售麻黄碱××克，但送货的

供述共计送了××克麻黄碱,依据有利于被告人利益原则,二审认定张某某销售麻黄碱数量是××克,而不是××克,改判张某某为八年六个月有期徒刑。

【律师评析】

本案中,张某某构成制造毒品罪共犯吗?

麻黄碱既是感冒药的有效成分,也是制造苯丙胺类毒品的直接原料。张某某等人从药品中提炼出麻黄碱,以高出数倍市场价格对外销售,这种麻黄碱再用来制药从经济上来说不会发生,足以推定其最终流向是制造毒品,表面上看是为他人制造毒品制造条件,但问题是张某某的直接下家是倒卖制毒物品的,而不是制毒人员。

《刑法》第三百五十条规定,明知他人制造毒品而为其生产、买卖制毒物品,以制造毒品罪共犯论处。他人必须是特定的人,而不是不特定的人;就本案而言,制毒人员必须是明确具体的,但公诉人没有提供相应证据证明,下家的口供反而证明下家不是制毒人员,而是加价倒卖麻黄碱的二道贩子。

另外,既然是共同犯罪,就要求有共同犯罪的意思联络和共同犯罪行为,本案没有制毒人员,就没有意思联络,也就无法帮助制造毒品,更无法明知他人制毒。

总之,制毒物品犯罪辩护既要重视定性辩护,也要重视数量辩护,辩护人的目标就是争取当事人利益最大化。

作者:王红兵

数量加情节的有效辩护

【案情简介】

2017年11月2日,被告人袁某某和被告人朴某某一起驾车从江西到广东A市找被告人周某某购买甲基苯丙胺。2017年11月3日,被告人袁某某拿到甲基苯丙胺后,伙同被告人朴某某驾车返回江西,中途被抓获,车内搜出冰毒××克。

【争议焦点】

被告人朴某某是否无罪?

以下是控方指控内容:

1. 被告人袁某某侦查阶段供述来A市之前已经告诉被告人朴某某是来A市购买毒品的;

2. 同案犯周某某、杨某某供述在A市某公寓被告人袁某某和同案犯周某某谈毒品交易数量和价格时,被告人朴某某在场;

3. 被告人袁某某买到毒品后,打电话给在公寓的被告人朴某某带一个"冰壶"下来,这个情节证明被告人朴某某对车内毒品是明知的。

【律师评析】

虽然被告人袁某某自愿认罪认罚,其供述对被告人朴某某无罪辩护不利,但基于被告人朴某某坚称不明知被告人袁某某购买和运输毒品,故笔者决定为被告人朴某某做无罪辩护。

在该案中，基于以下理由为朴某某做无罪辩护：

1. 本案没有客观性证据直接证明朴某某对车内毒品是明知的。

2. 朴某某口供始终稳定，称对车内毒品是不知情的。

3. 三名同案犯之间口供相互矛盾，且各自前后口供相互矛盾。

4. 虽然朴某某有带"冰壶"到车内的情节，但该情节单薄，需要其他证据印证朴某某对车内毒品是明知的。

在做量刑辩护时，基于假设被告人朴某某明知来 A 市的目的是购买毒品，则被告人朴某某存在以下量刑情节：

1. 涉案毒品不是被告人朴某某的。

2. 没有证据证明被告人朴某某出资购买涉案毒品。

3. 被告人朴某某没有参与购买冰毒的行为。

4. 被告人朴某某在本案中只是一名给被告人袁某某开车的司机。

在开庭前，辩护人和被告人朴某某曾经多次沟通如果认罪会怎么判的问题，因为我们清楚是法官对运输毒品事实主观明知问题进行认定，很难用证据和法律清晰界定主观明知的边界在哪里。

朴某某表示如果判处有期徒刑 6~7 年，他能接受。但我们都没有把握法院会按照朴某某的要求判决，因为涉案毒品数量大，量刑起点就是 15 年有期徒刑。综合考虑全案证据，我们认为控方证据较单薄，即使我们做无罪辩护，法院也不敢重判。基于这个判断，我们决定做无罪辩护，并采取进攻式辩护策略。

第一，在第一次庭审发问阶段，辩护人充分发问各被告人，取得了各被告人当庭否认之前供述关于朴某某对袁某某购买毒品知情的内容；尤其是在第二次开庭时，在法官根本没有组织发问程序，直接宣布进入法庭辩论阶段的情况下，辩护人举手主动要求询问被告人，使得庭审程序从辩论阶段重新进入法庭调查阶段。辩护人通过发问的方式向法庭清楚展示了办案人员非法搜查、非法扣押、非法取样的情形，弥补了第一次庭审遗漏的问题。

第二，在法庭辩论阶段，辩护人从证据关联性、相互印证角度做了指控朴某某明知车内有毒品的证据不足的无罪辩护；尤其是在第二次开庭，在被告人、其他辩护人均没有新的辩护意见的情况下，辩护人结合公诉人提交的新证据和补强证据发表了4点辩护意见，指出办案人员搜查非法、扣押非法、取样非法等程序瑕疵，努力降低控方证据的证明力。

第三，庭前辩护人向法庭提交了一份广东省高级人民法院判决的运输毒品无罪的判例和几份运输毒品罪轻判的判例，供法官参考。

第四，庭前辩护人还提交了"鉴定人出庭申请""调取鉴定内档申请""调取办案人员未附卷的讯问笔录申请"和"调取提取手机电子内档的申请"等一系列书面申请，希望能引起法官对辩护人辩护观点的认识和重视。正确选择了"数量+情节"的辩护策略。虽然没有为委托人争取到无罪判决，但被告人朴某某量刑的确下降。如果我们选择认罪辩护策略，判决结果可能就没有这么理想。

第五，在毒品案件中，法官对被告人的口供是非常重视的。本案被告人袁某某曾经供述过其来广东A市前告诉过被告人朴某某来A市的目的是购买毒品。虽然被告人袁某某当庭予以否认，但法官还是采信了被告人袁某某庭前供述。同案犯口供是直接证据，对于不利于自己委托人的同案犯口供，必须从多个角度质疑。

作者：王红兵

电子天平使用不当，法定刑以下量刑

【案情简介】

被告人黄某某多次向阮某某、彭某某等人贩卖毒品。2016年9月6日20时，阮某某通过电话向被告人黄某某购买冰毒××克左右，并约好在本市某宾馆303房交易。次日零时许，办案人员在303房将准备贩卖毒品的被告人黄某某抓获，当场查获白色晶体××包（净重分别为××克、××克、××克，均检出甲基苯丙胺成分）以及手机4部。同日，在被告人黄某某位于本市的住处A02房内查获疑似毒品××包（净重共计××克，均检出甲基苯丙胺成分）。公诉机关认为，被告人黄某某无视国家法律，贩卖甲基苯丙胺××克，应当以贩卖毒品罪追究其刑事责任，且被告人黄某某是累犯，建议判处其有期徒刑15年，并处罚金。

一审法院判决被告人黄某某犯贩卖毒品罪，判处有期徒刑2年9个月，并处罚金人民币5000元。

【争议焦点】

起诉书指控被告人黄某某贩卖冰毒××克，证据是否确实充分？

【律师评析】

1. 切断两大包共计××克冰毒与被告人黄某某的关联性。
2. 降低被告人黄某某自认毒品的数量××克到××克以下，作不构成非法持有毒品罪辩护。

一、切断两大包共计××克冰毒与被告人黄某某的关联

本案中对被告人黄某某不利的证据有：（1）办案人员在303房搜出两大包毒品时，被告人黄某某是在场人之一；（2）同房间内的吸毒人员张某某和李某某一致指认被告人黄某某进入303房后从口袋里掏出两大包毒品扔到了桌子上。

本案中对被告人黄某某有利的证据有：（1）两大包冰毒包装上没有提取到被告人黄某某的任何生物特征；（2）被告人黄某某始终否认两大包冰毒是自己的；（3）在张某某和李某某一致指认被告人黄某某之前的3份口供里，他们均表示不清楚两大包冰毒是谁的，但他们在之后同一日制作的口供里一致改口称两大包冰毒是被告人黄某某的，既没有合理解释，也没有提供相应的同步录音录像；（4）李某某是303房实际居住人；（5）在被告人黄某某进入303房时，房内已经有张某某、李某某和马某某，但在办案人员进入303房前，马某某已经离开了303房，且马某某是303房的承租人。

辩护人书面申请证人张某某、李某某出庭作证；书面申请调取证人张某某和李某某同一日一致改口的同步录音录像。

一审法官没有机械地运用证人人数优势认定两大包冰毒是被告人黄某某的，而是综合分析上述证据后认定两大包冰毒与被告人黄某某没有关联。一审法官认为公诉机关没有提供张某某和李某某一致改口的同步录音录像，且其二人当日先于被告人黄某某出现在涉案303房内，与从房内搜出的大量毒品具有一定的利害关系，故对其二人同时改变说法转而一致指证被告人黄某某的证词真实性和可信度存疑，其他证据亦无法直接证实涉案两大包冰毒是被告人黄某某所有或者管控，故根据存疑有利于被告人原则，现有证据无法证实所缴获的两大包冰毒是被告人黄某某的。

二、降低被告人黄某某自认的毒品数量

被告人黄某某对303房搜出的××克冰毒和在自己住处搜出的××包冰毒（净重共计××克）承认是自己用来吸食的。

辩护人向法官阐述了最小秤量理论，认为办案人员使用了不恰当的电子

天平导致部分独立最小包装的毒品净重低于电子天平最小秤量，这些毒品的净重数字存在较大误差，不足以采信。

一审法官采纳了辩护人的上述辩护观点，认为被告人自认的××包毒品中有××包毒品净重均低于涉案电子天平的最小秤量，低于最小称量的称量结果不能排除存在较大误差，不足以采信。剩余××包毒品净重为××克，在电子天平称量范围内，予以采信。由于公诉机关未能提供重新称量的结果，故根据存疑有利于被告人原则，本案查获的××小包毒品的净重应为××克以上，但尚不足以认定已经达到了××克，故公诉机关关于该部分毒品数量的指控证据不足，本院予以纠正。

一审法院依据其他证据认定被告人黄某某向彭某某贩卖××克冰毒的犯罪事实，并进而将涉案××小包毒品数量计入贩卖毒品的数量，最终认定被告人黄某某贩卖冰毒数量共计××克，判处其2年9个月有期徒刑。

综上所述，尽管被告人自认非法持有冰毒××克，但一审法官认定被告人自认的××包毒品净重为××克以上，但不足以认定已经达到了××克，依法在法定刑以下量刑。

作者：王红兵

毒品称量中的"假秤"及其辩护

【案情简介】

广东某地查获一起特大制毒案件,20余名被告人被指控合伙出资百余万元,购买了约××克的制毒原料羟亚胺制造氯胺酮。被查获时,被告人正在用铝锅制毒,毒品呈固液混合的状态。经称量,以上毒品共计××克。一审判处第一被告人死刑。笔者代理二审辩护。

第一次开庭结束后,检察机关补充提交了公安机关重新称量、取样的证据。笔者发现,重新称量的证据,暴露了更加严重的问题——虽然电子天平经过计量检定合格,但是电子天平的生产者、销售者的名称均系伪造,违反了《中华人民共和国产品质量法》的规定,俗称假秤。笔者据此提出了假秤称量结果不具准确性的辩护观点。

二审法院作出维持原判的裁定。

【争议焦点】

侦查机关称量毒品的电子天平虽然经过计量检定合格,但是电子天平的生产者、销售者的名称系伪造(俗称假秤),违反了《中华人民共和国产品质量法》的规定,如此称量的毒品数量能否作为刑事案件定案的依据?

【律师评析】

一、辩护律师如何发现秤的问题

对于毒品犯罪案件,公安机关在取证时,必然会对疑似毒品进行称量,也即，任何一起查获毒品实物的案件，公安机关都要对疑似毒品进行称量。同时，根据《办理毒品犯罪案件毒品提取、扣押、称量、取样和送检程序若干问题的规定》（公禁毒〔2016〕511号）第二十条第一款"侦查人员应当对称量的主要过程进行拍照或者录像"之规定，公安局机关应当将其称量过程进行拍照。因此，对于称量过程的照片，如果出现了电子天平的生产企业等信息，作为专业的毒品辩护律师，千万不能忽视。

在本案中，根据附卷的照片，笔者发现电子天平上标示了该秤的销售者为"上海沪诚电子有限公司"，经笔者在企业信用信息公示网上查询，并不存在该公司。同时，对该秤的生产者"中国超×集团超×电子产品有限公司"在企业信用信息公示网上查询，也不存在该公司。即该秤的生产者、销售者的厂名，都是伪造的。

在笔者办理的另外一起贩卖毒品的案件中，附卷的照片显示，称量所用的电子天平上标识了两个《中华人民共和国制造计量器具许可证书》的编号，分别是闽制 x 号、闽制 y 号。一个计量器具，只可能由一家公司生产，因此该计量器具标示两个不同《中华人民共和国制造计量器具许可证书》编号，必然有一个编号是虚假的，因此该计量器具不符合《中华人民共和国产品质量法》第二十七条"产品或者其包装上的标识必须真实"的规定，可以断定此电子天平也是问题秤。

二、该秤应当被没收，称量结果当然不能作为定案的根据

虽然该秤标识的企业名称不真实，但是该秤经过计量检定又是合格的，仅指出该秤标识的企业名称是伪造的，还不足以打动法官，不足以打掉毒品称量结果，因此有必要进一步的研究。

经研究发现，根据《中华人民共和国产品质量法》的规定，对于伪造厂名的产品，已被禁止生产、销售，即使已生产、销售的，也应当被没收。既然被禁止生产、销售，就更谈不上使用。更何况本案的衡器合格与否，直接决定毒品数量的认定，甚至关系到被告人的生死。因此，用该秤称量的结果，不能作为定案的根据。

《中华人民共和国产品质量法》的相关规定如下：第五条，"……禁止伪

造产品的产地,伪造或者冒用他人的厂名、厂址……"第二十七条,"产品或者其包装上的标识必须真实。"第三十条,"生产者不得伪造产地,不得伪造或者冒用他人的厂名、厂址。"第三十七条,"销售者不得伪造产地,不得伪造或者冒用他人的厂名、厂址。"第五十三条,"伪造产品产地的,伪造或者冒用他人厂名、厂址的,伪造或者冒用认证标志等质量标志的,责令改正,没收违法生产、销售的产品,并处违法生产、销售产品货值金额等值以下的罚款;有违法所得的,并处没收违法所得;情节严重的,吊销营业执照。"

另外,公安机关侦查使用该秤的行为,还违反《中华人民共和国计量法》。

《中华人民共和国计量法》第二十六条规定,使用不合格的计量器具或者破坏计量器具准确度,给国家和消费者造成损失的,责令赔偿损失,没收计量器具和违法所得,可以并处罚款。该法条中的"不合格"应当扩大解释为只要不符合《中华人民共和国产品质量法》规定的秤也应当是《中华人民共和国计量法》中规定的"不合格"秤。因为用于计量用途的秤,首先是产品,既然是产品就应当且必须符合《中华人民共和国产品质量法》的规定。只有产品(秤)先符合《中华人民共和国产品质量法》规定,再评价产品(秤)称量准确的问题才有意义。只谈计量准确度避而不谈产品质量是否合格,明显是站不住脚的。

本案中的秤被公安机关用于重大毒品犯罪的称量,由于秤的质量不合格,可能导致错误的司法裁判,直接侵害犯罪嫌疑人的权益,也影响国家公正地实施法律,当然会给国家造成损失。因此,依据《中华人民共和国计量法》第二十六条的规定,该秤应当被市场监督部门没收。既然被没收,就表明不被允许使用,该秤的称重结果也不能作为定案的根据。

三、庭外辩护

笔者认为,辩护人的战场不仅在法庭内,也在法庭外。为了达到更好的辩护效果,辩护人对公安机关使用假秤的问题,向公安机关所在地的市场监督部门进行了举报。市场监督管理局回复笔者称"电子天平标明了生产厂家、经销商、产品编号、制造日期等,进货渠道正规,有合格证,产品的标识符合产品质量法的规定""公安机关在办理毒品案件时使用的秤是经检定合格的计量器具，暂未发现违反《中华人民共和国产品质量法》《中华人民共和国计量法》《中华人民共和国计量法实施细则》的情形"。

笔者对以上市场监督管理局的处理结果感到失望，但是市场监督管理局查到了该秤的真实生产厂家，然后笔者又向真实厂家所在地的市场监督管理局进行了举报，该局受理举报并回复笔者称："当事人在'‥'前标注的'中国超×集团'意指超×集团有限公司，是为了显示其与超×集团有限公司存在特定联系，但经本局调查当事人与超×集团有限公司并无实际关联，当事人实施混淆行为，引人误认为是他人商品或者与他人存在特定联系涉嫌违反了《中华人民共和国反不正当竞争法》第六条的规定。'上海××电子有限公司经销'等内容系当事人虚构，'上海××电子有限公司'并不存在"。

笔者对该市场监督管理局的答复表示满意，并将该局对笔者举报的答复，作为辩护材料提交法院，以期法院采纳笔者提出的"假秤"称量结果不应当作为定案根据的辩护意见。

对于前文提及的一个电子天平却有两个制造计量器具许可证书编号的案件，笔者也采取了向市场监督管理局举报，并将有利于犯罪嫌疑人的举报结果提交法院的庭外辩护策略。

四、办案手记

毒品案件在客观证据方面有两个关键，一是毒品的称量，二是毒品的定性、含量鉴定。因此，对于从事毒品刑案辩护的律师，都应当对以上课题进行专门研究，才能在细节中发现辩点。

对于本案，笔者觉得公安机关故意买假秤的可能性很小，有可能是公安机关随机在市场上买秤，就买到了这把假秤。既然该公安机关买到假秤，其他地方的公安机关也有可能买到，所以笔者认为该案中发现的秤的问题，有可能出现在毒品案件等任何需要称量的刑事案件中，所以专业的毒辩律师要对称量的相关问题细节进行专门的研究。

作者：关欣

运输毒品罪的认定是否应当考虑运输目的

【案情简介】

　　2017年某日深夜，被告人张某驾驶小车（6天前购买），行驶至其租赁的出租屋附近停车（未熄火），当他下车查看路况时，被公安人员当场抓获，从其车内查获一个黑色背包，内有×包白色晶体，共净重××克，均检出甲基苯丙胺成分，含量为××％。张某供述黑色背包是其所有，但其对于包内的毒品毫不知情，辩称是警察栽赃陷害。张某被抓捕后，尿检呈甲基苯丙胺阳性，但其仍坚决否认自己吸毒。笔者担任其一审、二审辩护律师，并认为无充分的证据证明张某为了促进毒品流转与扩散而运输毒品，张某可能仅构成非法持有毒品罪。因本案所查获的毒品数量远超当地实际掌握的死刑毒品数量标准，被告人有可能被判处死刑立即执行。最终，法院判决张某构成运输毒品罪，判处其死刑缓期执行，并认为"毒品从何处来，将运往何处，不影响运输毒品罪的认定"。

【争议焦点】

　　从犯罪行为人暂停、尚未熄火的汽车中缴获了毒品，是否应认定为运输毒品罪既遂？毒品虽然处于运输状态，但是犯罪行为人并不是基于流转、扩散毒品的目的，是否也应认定为运输毒品罪既遂？

【律师评析】

　　在本案中，被告人稳定供述装有毒品的背包是其所有，坚决否认其对背包内装有毒品知情，辩称其被警察栽赃陷害。而所查获毒品数量远超当地实际掌握的死刑毒品数量标准，被告人有可能被判处死刑立即执行。同时，根据执法记录仪，本案是多人执法，且有执法仪视频录像，张某辩称警察栽赃陷害无事实依据，其辩解也无合理性。因此，笔者最终选择了罪轻辩护，充分挖掘被告人具有的从轻、减轻情节。

1. 无证据证明张某是毒品所有者。

张某坚持认为所查获毒品不属于他所有，且包装白色晶体的黑色塑料袋上检出其他人的DNA，未检出张某的DNA。因此，张某的辩解有一定的合理性。

2. 虽然客观上张某使毒品产生了物理位移，但是无证据证明张某是为了达到流转、扩散毒品的目的。

张某辩称其凌晨开车出去兜风试车的辩解有一定的合理性。因为根据侦查机关查明的事实，小车确系案发前6天张某才购买。站在一般人的角度，不管是新购的汽车还是新买的商品，在购买之初有强烈的新鲜感，被告人选择在凌晨人少时开车兜风，符合被告人刚购置新车的"喜新"心理。尽管张某开车从住处出发时，存在毒品已在车上的可能性，且毒品只在同一城市范围内产生了物理位移，距离不长。因此，笔者认为，张某应不构成运输毒品罪，应仅构成非法持有毒品罪。

3. 公安机关作出的起诉意见书定性被告人张某是非法持有毒品罪。

到了审查起诉阶段，检察机关才将被告人张某罪名改为运输毒品罪。虽然公安机关的定性不一定准确，但是考虑到该案件是通过技术侦查手段破案的，如果公安机关有其他的证据，为何还会以非法持有毒品罪将张某移送检察院审查起诉？

4. 持有毒品可能用于自吸。

虽然张某坚称自己没有吸毒，但其尿检呈甲基苯丙胺阳性，可以证实其吸毒。并且张某曾因为吸毒被劳动教养和强制戒毒，存在其持有的毒品系用于自己吸食的可能性。

5. 认定非法持有毒品罪的可能。

从本案不难看出，在我国严厉打击毒品犯罪的司法环境下，只要毒品是处于运输状态，即使是运输毒品的汽车暂停、尚未熄火，也可认定被告人为运输毒品罪既遂。但是，笔者认为，在对运输毒品罪的构成进行认定时，还应当考虑被告人运输毒品的目的。

在本案中，假设确有证据证实被告人没有流转、扩散毒品的故意，尽管其开车出发时毒品就在车上，但其目的仅是开车兜风试车，笔者认为被告人应只构成非法持有毒品罪，不构成运输毒品罪。

因为运输毒品罪是故意犯罪，从主观层面需要被告人有流转、扩散而运输毒品的犯罪故意。被告人明知是毒品并不等于便具有流转、扩散毒品的主观故意。因此，笔者认为，在司法实践中，法官以行为人明知毒品、且毒品处于运输状态作为认定运输毒品罪既遂的标准，虽然能解决毒品犯罪隐蔽性强导致取证难的问题，但同时也可能导致打击扩大化、过于严厉。

就本案而言，笔者提出了犯罪行为人完全可能基于开新车兜风的目的而运输毒品，法官虽然在判决书中没有明确回应笔者的辩护理由，但是在运输冰毒数量远超当地实际掌握的死刑毒品数量标准情况下，未判处被告人死刑立即执行，也算是变相地采纳了笔者提出的辩护理由。

作者：关欣

何为刑法意义上的毒品

【案情简介】

王某在西安一家生物科技公司从事销售工作,该公司的业务范围为"动植物提取物的研发、生产、加工与销售工作"(营业执照中载明)等。2019年9月初,广东警方跨省将王某及公司总经理等4名同事带走,疑涉嫌贩卖毒品罪。

事情的起因是另一家公司因为销售瓜拉纳提取物(含有咖啡因)被查,警察在查这家公司的过程中,发现王某所在的公司曾在2016年销售给该公司××千克茶多酚,且经过鉴定,茶多酚含有咖啡因,而咖啡因恰好属于国家规定管制的精神药品,即属于《中华人民共和国刑法》第三百五十七条规定的毒品。

笔者接受王某家属的委托,为其提供刑事辩护服务。笔者认为,案涉的咖啡因虽然是国家规定管制的精神药品,但是同时也是可以合法生产、销售、使用的食品添加剂,而本案不管是咖啡因的销售方、还是购买方,都是将咖啡因用作食品添加剂的用途,而不是用作毒品用途。经笔者将以上法律意见提交侦查机关后,王某被顺利取保候审,最终本案也未移送检察院审查起诉。

【争议焦点】

咖啡因既是可以合法使用的食品添加剂,也是国家规定管制的毒品。销售含有咖啡因的茶多酚作为食品添加剂用途,是否构成贩卖毒品罪,是本案的焦点。

【律师评析】

一、何为刑法意义上的毒品

《中华人民共和国刑法》第三百五十七条规定，本法所称的毒品，是指鸦片、海洛因、甲基苯丙胺（冰毒）、吗啡、大麻、可卡因以及国家规定管制的其他能够使人形成瘾癖的麻醉药品和精神药品。

《中华人民共和国禁毒法》第二十一条第一款规定，国家对麻醉药品和精神药品实行管制，对麻醉药品和精神药品的实验研究、生产、经营、使用、储存、运输实行许可和查验制度。该法第二十五条规定，麻醉药品、精神药品和易制毒化学品管理的具体办法，由国务院规定。

《麻醉药品和精神药品管理条例》第三条规定，麻醉药品和精神药品是指列入麻醉药品目录、精神药品目录的药品和其他物质。

根据以上规定，被《麻醉药品和精神药品管理条例》管制的物品就是毒品。进而言之，只要是被《麻醉药品品种目录》《精神药品品种目录》管制的物品，就是毒品。咖啡因被列入《精神药品品种目录》第二类精神药品，因此咖啡因确实可以用作毒品用途，是刑法意义上的毒品。

但是，刑法意义上毒品的认定，不仅要看药品形式上是否为被国家规定管制，还要看用途是否"使人形成瘾癖"。比如，吗啡可以作为药品，用于医学用途，那么就不能认为吗啡是《中华人民共和国刑法》意义上的毒品，此时销售吗啡的行为，就不能构成贩卖毒品罪。

二、案涉咖啡因并未用作毒品用途

咖啡因虽然从形式上看是毒品，但不等于被绝对禁止使用，咖啡因可以合法使用于食品行业，涉案的茶多酚就是符合标准的食品添加剂。

据国家卫生健康委员会和国家计划生育委员会发布的《食品安全国家标准 GB 1886.211-2016》，茶多酚是可以合法使用的食品添加剂。国家质量监督检验检疫总局和中国国家标准化管理委员会发布的《国家标准 茶制品 茶多酚 GB/T 31740.2-2015》，茶多酚中允许存在咖啡因，但是咖啡因的含量应≤15%。也就是说，只要涉案的茶多酚中咖啡因的含量≤15%，就可以在食品领域合法使用咖啡因，含有咖啡因的茶多酚就是符合国家标准的食品添加剂。

王某公司所售同批次茶多酚，经检验，咖啡因含量仅为0.32%，远低于相关标准规定的15%的上限，且涉案物质是用作食品添加剂的用途而非用作毒品用途。

三、将含有咖啡因的茶多酚，认定为刑法意义上的毒品，违反罪刑法定的原则

《刑法》第三百五十七条列明的毒品以及列入《麻醉药品品种目录》《精神药品品种目录》的化学物质才是刑法意义上的毒品。

在本案中，涉案物质是茶多酚，虽然咖啡因被列入《精神药品品种目录》，但是茶多酚并未被列入。根据罪刑法定原则，茶多酚并不是刑法意义上的毒品。

四、如果销售含有咖啡因的茶多酚是贩毒行为，那么卖可乐、咖啡也应是贩毒行为

王某所在的公司有合法的经营资质，在工商行政部门许可的业务范围内从事植物提取物的销售工作，经营主体资格合法。同时，涉案的茶多酚是符合国家标准的食品添加剂。如果将茶多酚认定为毒品，将生产销售茶多酚的行为认定为制造、贩卖毒品，那么卖可乐的、卖咖啡（可乐、咖啡中亦含有咖啡因）也构成制造、贩卖毒品，这既违反罪刑法定原则，也违背常理。

同时，笔者所在团队还积极与当地的产业协会联系，该协会也已经关注到多家产业链上的公司被查。通过多次与协会的沟通，协会愿意出具相关公函，公函称2014年相关国家食品安全标准已经"将瓜拉纳提取物（咖啡因）列入食品添加剂目录"，"国家标准《茶多酚》限定了咖啡因小于等于15%的含量"。相关协会出具的公函，也对王某顺利地取保候审，起到一定的帮助作用。

五、坚持罪刑法定是认定毒品的唯一原则

从生理上讲，毒品必须是能够使人形成瘾癖的物质，但是使人形成瘾癖

的物质并不能当然地认为就是毒品,还应当综合考虑毒品对个体、家庭、社会的危害性。比如,香烟、酒精虽然具有成瘾性,但是不能将其认定为是毒品。

近年来,吸食笑气逐渐风靡我国各类娱乐场所。笑气化学名称为一氧化二氮(N_2O),最早作为麻醉剂使用,后来又成为食品工业添加剂,用作蛋糕制作中的奶油发泡助剂。吸入笑气能让人产生幻觉和快感,并产生依赖性,长期吸食会造成认知功能损害,甚至损害脑功能。因此,从一般人对毒品的感官认识来讲,笑气似乎也是毒品。但是在司法实践中,贩卖笑气的行为通常被定性为非法经营罪而不是贩卖毒品罪,究其原因也是笑气虽然可能具有社会学、生理学意义上的毒品特征,但目前仍未被国家作为麻醉品或精神药品管制,笑气就不是刑法意义上的毒品。

另外,随着全球对毒品的严厉打击,制毒者为逃避管制及迎合吸毒者的需求,修改管制毒品的化学结构,得到结构类似的化学物,其具有与管制毒品相似或更强的兴奋、致幻、麻醉等效果。这些新类型的毒品也被称为"实验室毒品"或"策划药"。新的毒品迭代更新、层出不穷,但是国家对毒品的管制有滞后性,这对于打击毒品犯罪提出了新的挑战。但是,即便某物质具有毒品的所有特征,甚至已经被广泛滥用,只要没有被管制,就不能认定其为刑法意义上的毒品,相关犯罪更不能认定成毒品犯罪。

从刑法意义上讲,能且仅能是《中华人民共和国刑法》第三百五十七条"本法所称的毒品,是指鸦片、海洛因、甲基苯丙胺(冰毒)、吗啡、大麻、可卡因以及国家规定管制的其他能够使人形成瘾癖的麻醉药品和精神药品"定义的,才是刑法意义上的毒品。坚持罪刑法定,是认定毒品的唯一原则。

作者:关欣

浅议邮寄型走私毒品犯罪的既遂标准

【案情简介】

2014年11月2日下午，被告人戚某去广州市白云区某物流公司，将藏有毒品甲基苯丙胺的自行车坐垫等货物寄往马来西亚。

2014年11月3日晚，广州白云机场海关对该批发往马来西亚的货物进行查验，查获藏匿于10个自行车坐垫内的白色晶体××包（经检验，净重××克，检出甲基苯丙胺，含量为××%）。

2014年11月5日14时许，被告人戚某再次携带藏有毒品甲基苯丙胺的自行车坐垫去到上述某物流公司投寄货物时，被公安机关当场抓获，在被告人戚某投寄的18个自行车坐垫内查获白色晶体×包（经检验，净重××克，检出甲基苯丙胺，含量为××%）。

2014年11月7日，公安机关在被告人戚某的租住处查获用于包装、藏匿毒品的自行车坐垫、复写纸、包装薄膜、剪刀、胶带、裁纸刀、胶水等工具一批。

一审辩护律师提出辩护意见，认为两宗毒品并未邮寄出境，应属犯罪未遂。一审法院并未明确具体地回应以上辩护观点，只是笼统地回应被告人的辩解及律师的辩护意见均据理不足，不予采纳。最终一审判处被告人死刑立即执行。笔者代理该案的二审辩护，二审维持原判。

【争议焦点】

采取邮寄的方式输出毒品时，是以交付货运公司即为既遂，还是以交付邮寄的毒品逾越国（边）境方为既遂？

【律师评析】

学界通说认为，走私毒品罪虽同时侵害了国家的海关监管秩序和毒品管制秩序，但前者是更主要的法益。因此，持"走私毒品跨越国（边）境作为既遂标准"说的人认为，当行为人成功逃避了海关监管得以出入国（边）境时，就是犯罪既遂；否则，就是未遂。

在传统型走私毒品犯罪中，行为人随身携带毒品乘坐飞机、火车、汽车等交通工具入境，基本上是人货相随，且一旦入境，中国有司法管辖权，司法成本相对较低。因此，跨境既遂说能解决人货相随的传统型毒品走私案件入境的问题。

但是如果是行为人随身携带毒品出境，毒品离境才认定是犯罪既遂，这将面临这样的司法实践窘境：未离境只能认定为未遂，量刑轻于既遂，不利于严惩毒品犯罪；一旦离境，已属域外，打击犯罪司法成本高、效率低。

因此，"走私毒品跨国（边）境作为既遂标准"的说法，明显不能解决司法实践中传统型毒品走私出境的犯罪行为，于是在毒品走私出境案件的司法实践中，也有观点认为可以参照刑事走私案件的司法解释，以司法解释明确规定的"在海关监管现场被查获"作为认定走私毒品既遂的标准。《最高人民法院、最高人民检察院关于办理走私刑事案件适用法律若干问题的解释》第二十三条的具体规定如下："实施走私犯罪，具有下列情形之一的，应当认定为犯罪既遂：（一）在海关监管现场被查获的；（二）以虚假申报方式走私，申报行为实施完毕的；（三）以保税货物或者特定减税、免税进口的货物、物品为对象走私，在境内销售的，或者申请核销行为实施完毕的。"

以上规定相当于将既遂标准前移，走私输出毒品在海关监管现场被查获，即使没有出境，也认定为走私毒品犯罪既遂，有利于从严从重打击毒品犯罪。

但是，笔者认为，以上观点作为认定邮寄型走私毒品既遂的标准，仍有待商榷。且笔者认为以行为人完成毒品的交付邮寄行为作为既遂的认定标准，更符合邮寄走私犯罪中人货分离的特点，理由如下：

邮寄走私毒品行为的实施有一个渐进的过程，伪装、邮寄毒品、逃避海关监管等行为不是一蹴而就的。虽然行为人有走私毒品的主观故意，想主观控制毒品伪装、邮寄等所有走私行为至毒品出境抵达目的地，但是行为人事实上不能对毒品的整个走私行为进行控制，因为毒品从交付给货运公司到目的地的过程中，是由货运公司、海关等完成的，这些部门以及相关人员明显不可能受行为人的控制。因此，即便在行为人交付邮寄毒品给货运公司后、走私目的地到达前，由于被邮政部门、托运部门发现或遗失毒品而导致没有实现行为人走私毒品的目的，在这个过程中不可能存在犯罪未遂和中止的未完成形态。

综上所述，对于采用邮寄的方式输出毒品的犯罪分子而言，其在毒品交寄后已经完成了能够在主观支配下实施犯罪的所有行为，其犯罪行为已经完成，以此为标准作为其构成走私毒品犯罪行为的既遂标准，是符合主客观相一致的犯罪理论的，也符合从严打击毒品犯罪的现实需要。

对于本案，笔者认为威某实施的第一宗毒品走私行为，由于其已经将毒品交付给物流公司邮寄，且在海关监管现场被查获的，因此应认定为犯罪既遂。

但对于第二宗犯罪，笔者阅卷发现，威某一到物流档口就被警察抓获，既没有开始办理邮寄手续，也没有支付邮资，按照行为人将毒品办理完交寄手续作为既遂标准，该宗毒品走私行为宜认定为犯罪未遂。

因此，对于一审辩护律师提出的两宗走私毒品行为均未遂，以及一审法院认为均既遂，两种意见都有待商榷。

作者：关欣

运输毒品案件的管辖权问题探讨

【案情简介】

2020年5月，被告人詹某以贩卖为目的，经与豪某（另案处理）约定，由詹某向豪某购买毒品，豪某将毒品伪装成燕窝，从云南省德宏州邮寄至广东省连州市给詹某。同年6月4日，被告人黄某明知当日将收取藏匿有毒品的邮包，仍于16时许与被告人詹某驾驶小轿车到连州市某快递站领取上述邮包，当场被广州市某区公安机关抓获。笔者担任黄某的二审辩护人，并提出，本案的侦查机关不具有管辖权，一审法院也不具有管辖权，属于严重程序违法，建议二审法院将本案发回重审。截至2023年3月24日，该案二审尚未判决。

【争议焦点】

侦查机关和一审法院是否有管辖权？

【律师评析】

一、本案侦查机关无管辖权

根据立案文书，因为黄某在广州某区有邮寄毒品的违法行为，遂广州市公安局某区分局立案。但是本案中的各被告均不是黄某，也未在广州某区活动，广州某区与本案没有任何牵连，广州市公安局某区分局无管辖权。

二、一审法院不具管辖权

（1）《中华人民共和国刑事诉讼法》（2018年修正）第二十五条规定，

"刑事案件由犯罪地的人民法院管辖。如果由被告人居住地的人民法院审判更为适宜的,可以由被告人居住地的人民法院管辖"。《最高人民法院、最高人民检察院、公安部关于印发办理毒品犯罪案件适用法律若干问题的意见的通知》第一条规定,"根据刑事诉讼法的规定,毒品犯罪案件的地域管辖,应当坚持以犯罪地管辖为主、被告人居住地管辖为辅的原则。"犯罪地"包括犯罪预谋地,毒资筹集地,交易进行地,毒品生产地,毒资、毒赃和毒品的藏匿地、转移地,走私或者贩运毒品的目的地以及犯罪嫌疑人被抓获地等。"被告人居住地"包括被告人常住地、户籍地及其临时居住地。"

根据《中华人民共和国刑事诉讼法》等上述规定,毒品犯罪案件的地域管辖,应当坚持以犯罪地管辖为主、被告人居住地管辖为辅的原则。而本案中,没有任何一名被告人符合上述规定。

即使《全国部分法院审理毒品犯罪案件工作座谈会纪要(大连会议纪要)》(法[2008]324号)有"运输途经地"作为管辖的规定,但是辩护人认为这里的"运输途经地"应作狭义解释,仅指行为人利用可自主掌握控制的交通工具进行运输毒品的行为(如开车运输毒品),而非连快递的运输途经地也囊括在内。《全国部分法院审理毒品犯罪案件工作座谈会纪要》的相关规定如下:"考虑到毒品犯罪的特殊性和毒品犯罪侦查体制,"犯罪地"不仅可以包括犯罪预谋地、毒资筹集地、交易进行地、运输途经地以及毒品生产地,也包括毒资、毒赃和毒品藏匿地、转移地、走私或者贩运毒品目的地等。"被告人居住地",不仅包括被告人常住地和户籍所在地,也包括其临时居住地"。

(2)退一步讲,即使快递公司运输途经地的公安机关有管辖权,但是本案无证据证明快递公司在运输快递时,途经广州某区。

(3)本案的侦查机关属于超越管辖权侦办此案,属于严重程序违法,广州市公安局某区分局根本没有取证的合法主体资格,全案的证据都不具备合法性。

(4)如果任由没有管辖权或牵强确定管辖权的侦查机关侦查、审查、审判刑事案件,不仅会造成犯罪嫌疑人受到不公正、不合法的刑事审判,而且还会赋予公安机关超出法律规定的地域管辖权,而使刑事诉讼的管辖权规定成为一纸空文,公民的合法权利亦得不到保障。

(5)笔者认为,本案最为妥当的方式是,广州市公安局某区分局撤销刑事立案,并将被告人移送有管辖权的侦查机关立案、侦查、移送审查起诉。

(6)根据《人民检察院刑事诉讼规则》(2019年12月30日起施行)》第328条,也应当由一审的公诉机关撤回起诉,并将案件移送给有管辖权的检察院提起公诉。

《人民检察院刑事诉讼规则》第三百二十八条规定,"各级人民检察院提起公诉,应当与人民法院审判管辖相适应。负责捕诉的部门收到移送起诉的案件后,经审查认为不属于本院管辖的,应当在发现之日起五日以内经由负责案件管理的部门移送有管辖权的人民检察院。"

作者:关欣

非法持有毒品案辩护：
断关联，降数量，获轻判

【案情简介】

2018年1月20日，办案人员在同案犯罗某承租的房屋内抓获了被告人莫某，从其身上查获疑似大麻脂××包（经鉴定，净重共计××克，均检出四氢大麻酚成分）、疑似可卡因××包（经鉴定，净重共计××克，均检出可卡因成分）、疑似大麻叶××包（经鉴定，净重××克，检出四氢大麻酚成分）；在案发现场右次卧室内查获被告人莫某持有的黑色拉杆箱一个，内有疑似大麻叶××包（经鉴定，净重共计××克，均检出四氢大麻酚成分）、疑似大麻脂××包（经鉴定，净重共计××克，均检出四氢大麻酚成分）、疑似可卡因××包（经鉴定，净重共计××克，均检出可卡因成分）。起诉书认为被告人莫某非法持有毒品，其行为触犯了《中华人民共和国刑法》第三百四十八条，构成非法持有毒品罪。

一审判决，被告人莫某犯非法持有毒品罪，判处3年有期徒刑，罚金人民币8000元。

【争议焦点】

1. 承认办案人员从莫某身上搜出的大麻脂××包、可卡因××包、大麻叶××包归其所有，供本人吸食使用。

2. 莫某不承认起诉书指控的黑色拉杆箱是其所有，也不承认黑色拉杆箱内的毒品归其所有。

【律师评析】

《中华人民共和国刑法》第三百四十八条第三款规定，非法持有海洛因 50 克以上的，处 7 年以上有期徒刑、无期徒刑，并处罚金；非法持有海洛因 10 克以上不满 50 克，处 3 年以下有期徒刑、拘役或者管制，并处罚金；情节严重的，处 3 年以上 7 年以下有期徒刑，并处罚金。

起诉书指控的被告人莫某非法持有毒品数量换算成海洛因约××克，属于《中华人民共和国刑法》第三百四十八条规定的"情节严重"，如果指控成立，量刑应当在 3 年以上 7 年以下量刑。

被告人莫某始终拒绝承认黑色拉杆箱是其所有，承认从其身上搜出的大麻脂、大麻叶和可卡因数量尚不足以构成非法持有毒品罪。作为辩护人，也只能做无罪辩护；并依照法律规定做量刑辩护。

辩护人的辩护思路是坚持无罪辩护，切断指控的黑色拉杆箱与被告人之间的关联；降低指控的非法持有毒品数量；证据辩护换取量刑辩护。

1. 提交多份相应书面申请，希望通过调取客观证据还原事实真相，降低和抵消同案犯口供和办案单位情况说明对被告人莫某不利的证明力。

（1）提交调取监控视频申请书，确认被告人莫某进入涉案房屋前有无携带起诉书指控的黑色拉杆箱，同案犯罗某和证人安某指控黑色拉杆箱是莫某带来的，但莫某否认黑色拉杆箱是自己的且拉杆箱上没有提取到被告人莫某的指纹和其他生物特征。

（2）提交调取搜查录像申请，办案人员在 2018 年 1 月 20 日搜查黑色拉杆箱时没有发现内有莫某的机票和电话卡等个人信息；过了 10 个月，办案人员再次对黑色拉杆箱搜查，才发现了莫某的机票和电话卡等，但搜查时莫某不在场，没有见证人，没有搜查证，无法印证莫某的机票和电话卡来源于黑色拉杆箱，故申请调取第二次搜查时的搜查录像确认莫某的机票和电话卡是否来源于黑色拉杆箱。

（3）提交调取电子天平检定证书的申请，称量笔录记载的电子天平检定证书是 2016 年检定的，办案人员未将该检定证书附卷，附卷的却是 2018 年检定的电子天平检定证书。请求调取 2016 年电子天平检定证书,确定该电子天平的秤量范围。

2. 切断黑色拉杆箱与被告人莫某之间的关联。

(1) 否认黑色拉杆箱是被告人莫某所有,本案有同案犯罗某和证人安某指认黑色拉杆箱是被告人莫某带来的,但莫某予以否认。

(2) 黑色拉杆箱没有提取到任何与被告人莫某有关的指纹或者其他生物特征。

(3) 黑色拉杆箱所处的房屋是同案犯罗某承租,被告人莫某只是暂住了两天,黑色拉杆箱无人认领,原则上应当归同案犯罗某所有。

(4) 对于对黑色拉杆箱第二次搜查制作的搜查笔录,辩护人质疑合法性,没有搜查证、没有见证人,且是在 10 个月后第二次搜查,第二次搜查时被告人莫某不在场,无法证明莫某的机票和电话卡等个人物品来源于黑色拉杆箱。

3. 减少被告人莫某持有的毒品数量。

(1) 提交调取 2016 年电子天平检定证书申请,称量笔录上记载的电子天平是 2016 年检定合格的,但称量行为发生在 2018 年,故办案单位使用了过期的电子天平,不足以证明该电子天平是合格的,导致的后果是称量结果可能存在过大误差,毒品数量事实不清。

(2) 从附卷的 2018 年电子天平检定证书判断该证书记载的电子天平秤量范围是 2 克 ~6000 克,但部分毒品净重均小于 2 克,低于最小秤量,这些毒品数量不应当计算在量刑的毒品数量内。

作者:王红兵